TRANSTORNO DO DÉFICIT DE ATENÇÃO COM HIPERATIVIDADE
(TDAH)

CB064834

Wilson Candido Braga

TRANSTORNO DO DÉFICIT DE ATENÇÃO COM HIPERATIVIDADE (TDAH)

Caracterização e orientações práticas

Paulinas

Dados Internacionais de Catalogação na Publicação (CIP)
Angélica Ilacqua CRB-8/7057

Braga, Wilson Candido
  Transtorno do déficit de atenção com hiperatividade : caracterização e orientações práticas / Wilson Candido Braga ; ilustrações de Wyara Candido Nunes. – São Paulo : Paulinas, 2023.
  176 p. (Coleção Psicologia, Família e Escola)

  Bibliografia
  ISBN 978-65-5808-215-6

  1. Distúrbio do déficit de atenção com hiperatividade 2. Psicologia 3. Pedagogia I. Título II. Nunes, Wyara Candido III. Série

23-2103   CDD 618.928589

Índice para catálogo sistemático:
1. Distúrbio do déficit de atenção com hiperatividade

1ª edição – 2023
2ª reimpressão – 2024

Direção-geral: *Ágda França*
Editora responsável: *Andréia Schweitzer*
Coordenação de revisão: *Marina Mendonça*
Copidesque: *Ana Cecilia Mari*
Revisão: *Sandra Sinzato*
Gerente de produção: *Felício Calegaro Neto*
Diagramação: *Elaine Alves*
Ilustrações: *Wyara Candido Nunes*

Nenhuma parte desta obra poderá ser reproduzida ou transmitida por qualquer forma e/ou quaisquer meios (eletrônico ou mecânico, incluindo fotocópia e gravação) ou arquivada em qualquer sistema ou banco de dados sem permissão escrita da Editora. Direitos reservados.

Cadastre-se e receba nossas informações
www.paulinas.com.br
Telemarketing e SAC: 0800-7010081

Paulinas
Rua Dona Inácia Uchoa, 62
04110-020 – São Paulo – SP (Brasil)
📞 (11) 2125-3500
✉ editora@paulinas.com.br
© Pia Sociedade Filhas de São Paulo – São Paulo, 2023

Dedico este livro a todas as pessoas com TDAH, que muitas vezes são discriminadas, segregadas e incompreendidas em suas singularidades, quase sempre rotuladas e taxadas sob os mais diversos estereótipos, o que na maioria das vezes só compromete a sua evolução e autoestima.

Agradecimentos

A Deus, por me proporcionar tudo de que preciso, na hora e no momento adequados.

A minha família, por toda a base que me foi dada desde tenra idade.

A minha querida sobrinha, Wyara Candido Nunes, que gentilmente tem participado comigo dessas obras, emprestando-me seu talento nas ilustrações dos meus livros.

Agradecimento especial ao querido Francisco Glauberto do Nascimento Silva, que embarca comigo em todos os meus projetos, apoiando-me e participando ativamente.

A Maria Luisa Pinheiro Melo Barreto, que entrou na minha vida como aluna e hoje é uma querida amiga. Esposa dedicada, mãe zelosa, ser humano sem igual e excelente profissional da educação inclusiva, diante do diagnóstico de TDAH nunca permitiu que o quadro sintomático fosse maior que ela e jamais aceitou que a definisse, mostrando ao mundo que essa condição faz parte de suas singularidades, que somos mais do que qualquer configuração diagnóstica e, ainda, que todos podem tudo e são capazes de tudo, desde que lhes sejam dadas as devidas oportunidades.

A todas as pessoas que me acompanham em meus projetos profissionais, obrigado pelo apoio de sempre!

Sumário

Introdução 11

CAPÍTULO 1. TDAH e a Lei n. 14.254 15

CAPÍTULO 2. Transtorno do Déficit de Atenção
com Hiperatividade (TDAH): histórico e atualidades 23

CAPÍTULO 3. Transtorno do Déficit de Atenção
com Hiperatividade (TDAH): entidade nosográfica
e sua caracterização 41

CAPÍTULO 4. Critérios para o diagnóstico do Transtorno
do Déficit de Atenção com Hiperatividade (TDAH) 51

CAPÍTULO 5. Transtorno de Oposição Desafiante (TOD) 77

CAPÍTULO 6. O TDAH nas diferentes
etapas do desenvolvimento 93

CAPÍTULO 7. TDAH e as funções executivas 103

CAPÍTULO 8. Dicas e orientações práticas
em sala de aula e espaços de atendimento 137

Referências 169

Introdução

> "A impulsividade é um comportamento primitivo que o indivíduo apresenta, cuja finalidade é a de satisfazer os seus desejos de modo rápido e abrupto, independente da circunstância."
>
> (Abram Topczewski)

O Transtorno do Déficit de Atenção com Hiperatividade (TDAH), comumente conhecido como "hiperatividade", evidencia-se cada vez mais na atualidade como um quadro diagnóstico recorrente em nossos espaços domiciliares e sociais, apresentando-se como uma realidade e, ainda, como um grande desafio para os espaços educacionais e os programas e modelos de ensino tradicionais. No ambiente escolar a dificuldade é ainda maior, pois é um lugar onde há não só uma diversidade de situações e de comportamentos que podem ser considerados adequados ou inadequados, como também de histórias familiares e sociais. Acima de tudo, há uma multivariedade de seres humanos, que, por sua própria natureza, são singulares e diversos.

O TDAH faz parte dessa multivariedade de situações que precisam ser mais bem direcionadas, para que, assim, danos maiores não aconteçam em função desse quadro considerado um "transtorno escolar".

Nesse sentido, este material sobre TDAH se apresenta como uma ferramenta de conhecimento. Objetiva auxiliar os familiares, os professores de sala de aula comum, os profissionais dos serviços de Atendimento Educacional Especializado (AEE) [sala de recurso multifuncional (Decreto 7.611/2011)] e dos centros de AEE (NT 09/2010), os profissionais da área da saúde com atuação clínica e institucional (educacional) e demais educadores mediante a exposição de informações técnicas e dicas práticas de intervenção, de forma clara, direta e de fácil compreensão de modo a facilitar o processo de identificação precoce dos sinais de *desatenção*, *impulsividade* e *hiperatividade* (principais sinais de apresentação do TDAH). A partir dessa identificação precoce, será possível oferecer serviços de orientação familiar e encaminhamentos mais adequados. Isso, também, facilitará a busca por estratégias que possibilitem a dinâmica de construção de saberes e de convivência social, educacional e familiar dessa clientela, que, de modo geral, continua desassistida pelos serviços educacionais e apresenta severos comprometimentos de ordem pessoal e social.

Esperamos que este livro seja de grande valia para os leitores e que, através dele, possam beneficiar-se das informações construídas e compartilhadas ao longo da leitura.

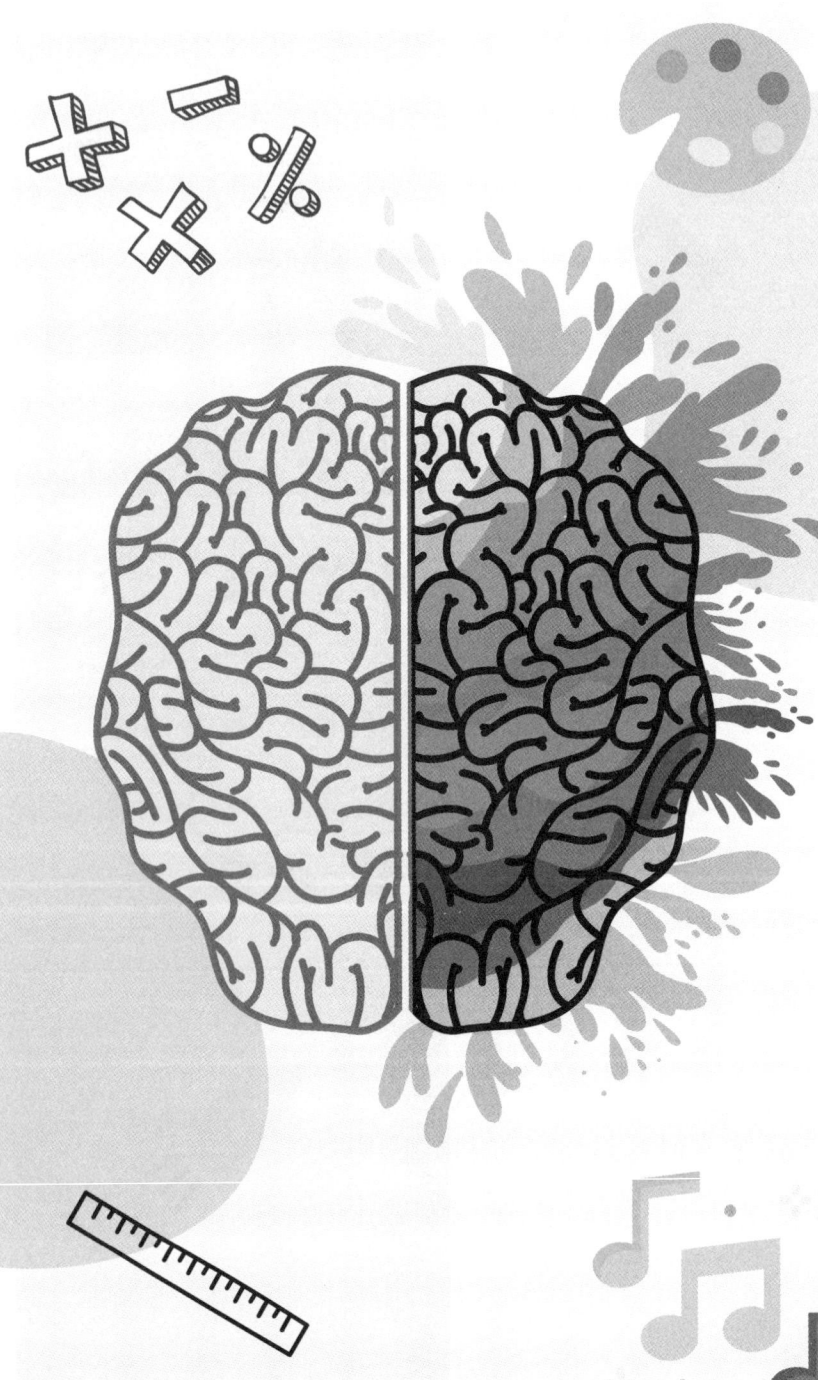

Capítulo 1

TDAH e a Lei n. 14.254

Publicada em 2021, a Lei n. 14.254 prevê o acompanhamento integral de estudantes com Transtorno do Déficit de Atenção com Hiperatividade (TDAH), dislexia e outros transtornos de aprendizagem, que hoje somam aproximadamente oito milhões de brasileiros.

A Lei prevê que as escolas devem garantir acompanhamento específico e o mais cedo possível às crianças, bem como a capacitação adequada aos professores, de modo que tenham condições de identificar os primeiros sinais relacionados aos transtornos de aprendizagem e acompanhar o desenvolvimento dos estudantes.

Sua elaboração contou com a participação ativa de profissionais das áreas de saúde e educação, organizações sociais e familiares, visando à associação entre os ministérios da Saúde e da Educação para a implementação de políticas educacionais mais inclusivas e o atendimento integral ao educando com transtornos de aprendizagem.

A seguir, o texto da Lei, na íntegra:

Dispõe sobre o acompanhamento integral
para educandos com dislexia ou Transtorno do
Déficit de Atenção com Hiperatividade (TDAH)
ou outro transtorno de aprendizagem.

O PRESIDENTE DA REPÚBLICA

Faço saber que o Congresso Nacional decreta e eu sanciono a seguinte Lei:

Art. 1º O poder público deve desenvolver e manter programa de acompanhamento integral para educandos com dislexia, Transtorno do Déficit de Atenção com Hiperatividade (TDAH) ou outro transtorno de aprendizagem.

Parágrafo único. O acompanhamento integral previsto no *caput* deste artigo compreende a identificação precoce do transtorno, o encaminhamento do educando para diagnóstico, o apoio educacional na rede de ensino, bem como o apoio terapêutico especializado na rede de saúde.

Art. 2º As escolas da educação básica das redes pública e privada, com o apoio da família e dos serviços de saúde existentes, devem garantir o cuidado e a proteção ao educando com dislexia, TDAH ou outro transtorno de aprendizagem, com vistas ao seu pleno desenvolvimento físico, mental, moral, espiritual e social, com auxílio das redes de proteção social existentes no território, de natureza governamental ou não governamental.

Art. 3º Educandos com dislexia, TDAH ou outro transtorno de aprendizagem que apresentam alterações no desenvolvimento da leitura e da escrita, ou instabilidade na atenção, que repercutam na aprendizagem devem ter assegurado o acompanhamento específico direcionado à sua dificuldade, da forma mais precoce possível, pelos seus educadores no âmbito da escola na qual estão matriculados e podem contar com apoio e orientação da área de saúde, de assistência social e de outras políticas públicas existentes no território.

Art. 4º Necessidades específicas no desenvolvimento do educando serão atendidas pelos profissionais da rede de ensino em parceria com profissionais da rede de saúde.

Parágrafo único. Caso seja verificada a necessidade de intervenção terapêutica, esta deverá ser realizada em serviço de saúde em que seja possível a avaliação diagnóstica, com metas de acompanhamento por equipe multidisciplinar composta por profissionais necessários ao desempenho dessa abordagem.

Art. 5º No âmbito do programa estabelecido no art. 1º desta Lei, os sistemas de ensino devem garantir aos professores da educação básica amplo acesso à informação, inclusive quanto aos encaminhamentos possíveis para atendimento multissetorial, e formação continuada para capacitá-los à identificação precoce dos sinais relacionados aos transtornos de aprendizagem ou ao TDAH, bem como para o atendimento educacional escolar dos educandos.

Art. 6º Esta Lei entra em vigor na data de sua publicação.

Brasília, 30 de novembro de 2021; 200º da Independência e 133º da República.

Importante destacar que, apesar dos evidentes avanços propostos, a Lei ainda se apresenta de forma pouco detalhada e com muitas aberturas para interpretações e implementações equivocadas por parte de estados e municípios. O texto não define com clareza quem irá realizar os serviços de suporte, que vão desde a identificação precoce, avaliação, encaminhamentos e intervenções, até o local onde esses serviços serão realizados, enquanto espaço físico para o atendimento educacional, e como esse atendimento integral será viabilizado no espaço escolar. Portanto, muitos equívocos e tomadas de decisões pouco funcionais poderão ou já estão acontecendo.

Vale destacar que o número de indivíduos com TDAH, necessitando de um suporte diferenciado em razão de apresentarem um quadro com particularidades muito próprias, é cada vez maior nos espaços escolares. Em nosso entendimento, a psicopedagogia ou a neuropsicopedagogia são as melhores indicações para o atendimento a essas pessoas.

Destaque-se aqui que o TDAH não é considerado deficiência, mesmo estando dentro de um grupo de condições médicas chamadas de *Transtornos do neurodesenvolvimento* (APA, 2014). Sendo assim, esse tipo de transtorno não é visto como desígnio nem da educação especial nem dos serviços disponibilizados por essa modalidade transversal. Portanto, o aluno/aprendente/educando com TDAH não pode e não deve ser confundido com alguém com deficiência. Porém, sua condição médica específica caracteriza-se por prejuízos no funcionamento cerebral, acarretando danos cognitivos que se refletem no âmbito escolar, social, afetivo e profissional.

Dessa forma, estamos falando de um processo maior, chamado *educação inclusiva*, que se estende a todo e qualquer aluno em idade escolar. Ressaltamos aqui que a inclusão é direito de todos e uma responsabilidade de cada um de nós. No entanto, os serviços de educação especial oferecidos só englobam um grupo específico de deficiências, autismo e altas habilidades/superdotação, deixando de fora a pessoa com TDAH, com exceção dos quadros de TDAH que estão associados às deficiências.

Afirma-se mais uma vez que os educandos necessitam e têm direito legítimo a um serviço específico e voltado para suas necessidades e capacidades, com abordagens direcionadas e as devidas ferramentas de acessibilidade que cada caso requer.

Ainda segundo a Lei n. 14.254, seriam responsabilidades dos estados e municípios:

- a formação para os professores e a comunidade escolar, desde a educação infantil, para que, a partir desses saberes, possa acontecer um processo de identificação de características que apontem para o diagnóstico de TDAH e de outros transtornos específicos de aprendizagem, de modo a garantir que sejam realizados os devidos encaminhamentos para as abordagens médicas e multidisciplinares que se fizerem necessárias (terapia ocupacional, fonoaudiologia, psicomotricidade) o mais precocemente possível;
- a implementação de parcerias entre escolas/serviços de atendimento com as áreas intersetoriais, viabilizando os encaminhamentos e conferindo agilidade ao processo de avaliação diagnóstica por parte dos médicos,

neuropediatras ou psiquiatras infantis, bem como para avaliações e atendimentos multidisciplinares específicos;
- a contratação, por parte das secretarias municipais e estaduais de Educação, de serviços escolares que direcionem abordagens neuropsicopedagógicas ou psicopedagógicas para a avaliação e intervenção junto aos alunos, além de serviços de apoio e assistência aos professores de sala de aula, enquanto parceiros e executores do processo de ensino e acessibilidade, certificando, assim, que as adequações curriculares de pequeno porte sejam devidamente oportunizadas;
- a organização e estruturação de espaço físico, com oferta de recursos lúdicos e estratégias pedagógicas, cognitivas, conativas e executivas, que favoreçam o pleno desenvolvimento acadêmico, afetivo, social e profissional dos educandos ao longo de sua permanência no ambiente escolar e, também, que garantam uma vida adulta mais funcional, dentro e fora da escola;
- o cumprimento da Lei n. 13.935/2019, que determina que o poder público assegure atendimento psicológico e a assistência social aos alunos da rede pública de educação básica, o que, por sua vez, amplia com qualidade o serviço de oferta integral aos alunos com TDAH e transtornos específicos de aprendizagem.

Atendidas todas essas observações, teremos com certeza a garantia de maior permanência desses educandos nos espaços escolares e, também, maior eficiência no processo de ensino e aprendizagem durante todo o período escolar. Isso certamente irá colaborar com a diminuição da evasão escolar e assegurar que alunos com TDAH cheguem ao ensino superior, garantindo maiores possibilidades de uma vida profissional e pessoal mais qualificada.

Capítulo 2

Transtorno do Déficit de Atenção com Hiperatividade (TDAH): histórico e atualidades

O Transtorno do Déficit de Atenção com Hiperatividade (TDAH) é uma condição neurobiológica, ou um transtorno do neurodesenvolvimento, que se apresenta enquanto sintomatologia desde tenra idade.

É considerado um transtorno de origem genética, ambiental ou multifatorial, caracterizado por descontrole ou agitação motora acentuada, fazendo com que a criança tenha movimentos bruscos e inadequados (agitação psicomotora), mudanças de humor e instabilidade afetiva, bem como prejuízos atencionais e ações impulsivas, sem prévia análise de suas consequências (prejuízos de funcionamento executivo) (BRAGA, 2018), o que prejudica diretamente suas relações sociais e relacionais.

Nesse contexto, se o TDAH não for devidamente tratado, com abordagens medicamentosa, terapêutica e educacional, pode, ao longo do tempo, causar grandes impactos na vida da pessoa. A maioria dos indivíduos com essa condição diagnóstica apresenta relações interpessoais instáveis e constantemente tumultuadas, com forte tendência para baixo desempenho acadêmico e profissional, o que acaba, por sua vez, levando a severos prejuízos no funcionamento afetivo, familiar e social.

É também sabido que não existe uma única forma de apresentação do quadro de TDAH. Portanto, não se pode generalizar dificuldades e comportamentos como sendo algo padrão.

O TDAH, segundo a Associação Americana de Psiquiatria (APA, 2014), assim como todos os transtornos do neurodesenvolvimento, aparece já na primeira infância, atingindo aproximadamente de 3% a 5% da população durante a vida toda, com estimativa de 5 a 8/13% entre os alunos em idade escolar, não importando o grau de inteligência, o nível de escolaridade, a classe socioeconômica ou a etnia.

De acordo com estudos recentes (APA, 2014), o TDAH é mais percebido em meninos do que em meninas, numa proporção de 2/1. Nos meninos, os principais sintomas são marcadamente a impulsividade e a hiperatividade (agitação psicomotora) e, nas meninas, a desatenção, o que talvez indique um subdiagnóstico desse grupo específico: as meninas costumam apresentar poucos sintomas de impulsividade e agitação psicomotora, prevalecendo nelas a desatenção, porém com alto índice de comorbidades, como o transtorno de humor e a ansiedade.

Assim como acontece com tantas outras condições médicas, a prevalência do TDAH varia mundialmente, dependendo da amostra populacional, da idade e, também, dos critérios de avaliação utilizados, dos trabalhos com metodologias adequadas, usando estratégias psicométricas associadas à metodologia clínica. Documenta-se que sua predominância aproximada é de 3 a 7 crianças, para cada 100, e, na fase adulta, de 3 a 4 indivíduos, para cada 100 (BARKLEY, 2008).

Algumas crianças desenvolvem o transtorno bem precocemente, apresentando-o logo no início do processo de neurodesenvolvimento, porém, antes dos 4 ou 5 anos, é muito difícil realizar um diagnóstico preciso, pois faz-se importante avaliar outras situações associadas como diagnóstico diferencial, o que pode evitar precipitação e equívocos.

O TDAH é de origem orgânica, biológica ou neurobiológica. Pesquisas apontam que os indivíduos mais propensos a desenvolver o transtorno são filhos de pais hiperativos (em torno de 50%), irmãos de hiperativos (de 5% a 7%) ou gêmeos, em que um apresenta TDAH (a chance de o outro também ter TDAH é de 55% a 92%), e que 50% a 60% desses casos conservam sintomas acentuados na fase adulta, pois, para essa condição diagnóstica, não há cura (ROTTA, 2016).

História do TDAH

Em 2012, o *Journal of Attention Disorders* publicou a descoberta de um livro datado de 1775 e intitulado *Der Philosophische Arzt*, do médico alemão Melchior Adam Weikart, famoso na época, em que havia um capítulo dedicado ao déficit de atenção, que ele denominava *attentio volubilis*, com descrições sobre comportamentos que hoje se enquadrariam nos critérios diagnósticos do TDAH (provavelmente, então, foi a primeira denominação do que chamamos hoje de TDAH).

Alguns trechos do livro em que se pode identificar o transtorno:

- essas pessoas sentem necessidade de se concentrar por mais tempo e com mais insistência do que as outras;
- qualquer inseto, qualquer sombra, qualquer som ou até mesmo uma lembrança são capazes de desviar o indivíduo de sua tarefa;
- essas pessoas só ouvem metade do que lhes é dito. Também só guardam na memória ou dão informações de metade do que ouviram e, ainda, de forma pouco clara;
- são inconstantes na execução do que fazem, descuidadas e imprudentes.

Segundo esse médico alemão, com base no que se dispunha na época, a causa desses comportamentos está na velocidade e no volume de informações fornecidas a essas pessoas. E, nessa época, o tratamento indicado era isolamento no escuro, terapias com banhos frios, bebidas quentes e ácidas, abstinência de café e temperos, cavalgadas e exercícios físicos (BARKLEY, 2008).

Apesar dos inúmeros relatos registrados, as primeiras descrições clínicas de quadros semelhantes do que hoje classificamos como TDAH datam do século XVIII, sendo a primeira descrição detalhada no trabalho do médico inglês

George Still, sobre psicopatologias da infância, em 1902, no qual ele descrevia pormenorizadamente a condição em 43 crianças.

A partir daí, o TDAH passou por inúmeras denominações, como "lesão cerebral mínima" e "disfunção cerebral mínima". Em 1980, o Manual Diagnóstico e Estatístico dos Distúrbios Mentais utilizou o termo TDAH, mas só em 1987, com a revisão do manual, no DSM-3-TR, foi exposto o ponto central do problema, qual seja, a dificuldade de concentração e de atenção vinculada à inquietação, e a denominação Transtorno de Déficit de Atenção com Hiperatividade. Dessa forma, reconhecia-se o fato de que tanto a desatenção quanto a inquietação estavam frequentemente envolvidas no distúrbio. Dentre os critérios diagnósticos estabelecidos, constava que "os sintomas deveriam ocorrer em pelo menos dois ou três ambientes frequentados pela criança (casa, escola e clínica); ocorrer antes dos seis anos de idade; durar pelo menos seis meses e não se encaixar em outros transtornos" (LEITE, 2010).

Anos mais tarde, no DSM-4 e, mais recentemente, também no DSM-5, chegamos à grafia TDAH. Atualmente, as diretrizes clínicas para o diagnóstico do transtorno, presentes no DSM-5 (APA, 2014), refletem a forma como ele é agora concebido: transtorno do neurodesenvolvimento, tendo origem na infância, com comprometimentos persistentes e significativos na atenção e/ou hiperatividade e impulsividade, com prejuízos afetando múltiplos contextos do cotidiano do indivíduo e sua família.

Caracterização do TDAH

O TDAH é um distúrbio neurobiológico, com sua principal origem na hereditariedade e cujas características são: *falta de controle sobre a atenção, impulsividade* e *atividade motora aumentada*.

Segundo Barkley (2008), o TDAH define-se "como uma dificuldade de manutenção do autocontrole ou ausência total de controle, seguida por dificuldade de sustentar a atenção e controlar os impulsos".

Dessa forma, vamos especificar as características nucleares que definem o TDAH. Segundo Rohde e Mattos (2008), é um quadro de sintomas "que afetam de modo adverso o desempenho acadêmico, a vida familiar e social, o ajustamento psicossocial e a vida laborativa", devendo ser alvo de intervenção especializada.

Para melhor compreensão acerca do quadro sintomático do TDAH, faz-se importante conhecermos o significado de alguns termos.

Atenção

Quando falamos de atenção, referimo-nos a um conjunto de habilidades, como grau de investimento emocional, nível de prontidão, concentração, orientação, seleção e exploração dos estímulos do ambiente, que nos fazem focar em alguma tarefa ou situação.

Cada vez mais, o mundo está repleto de informações e estímulos variados e, para exercer qualquer atividade mental de forma organizada, é preciso selecionar os estímulos de maior importância e os mais adequados para cada situação, dentre os vários presentes.

Existem situações diversas nas quais nossa atenção tem um papel muito variado:

- Em certas situações, necessitamos nos concentrar de maneira intensa em um único estímulo (auditivo, visual, tátil, gustativo, vestibular, proprioceptivo...) e, então, a organização do Sistema Nervoso Central (SNC) desconsidera os demais estímulos presentes, para que não se tornem conscientes e atrapalhem a tarefa em execução.
- Em outras situações, há maior necessidade de focar a atenção em dois estímulos diferentes (por exemplo: dirigir e procurar o nome de uma rua próxima, ouvir e copiar do quadro-negro, conversar e escrever...). Nesse caso, exige-se a atenção a um estímulo, sem deixar de levar em conta algo diverso que está ocorrendo e que poderá tornar-se mais importante, exigindo que mudemos rapidamente nosso foco de atenção.

A *atenção*, portanto, é o conjunto de mecanismos neurais que garante essas escolhas, de acordo com as necessidades de situações que vivenciamos. *Desatenção* é a ausência ou a defasagem de atenção.

Vejamos alguns comportamentos relacionados ao TDAH que demonstram desatenção (LIMA, 2015):
- dificuldade em organizar tarefas e atividades;
- evitar ou relutar em envolver-se em tarefas que exijam esforço mental constante, sustentado e produtivo;

- perder coisas necessárias para a realização de tarefas ou atividades importantes do dia a dia;
- ser facilmente distraído por estímulos alheios à tarefa que está realizando, perdendo o foco principal;
- apresentar esquecimento com relação a atividades diárias, prejudicando sua execução.

Impulsividade

A definição de impulsividade deverá incluir os seguintes elementos: sensibilidade diminuta às consequências negativas dos comportamentos; reações rápidas e não planejadas aos estímulos, antes de se completar o processamento da informação; e falta de foco nas consequências a longo prazo (ROTTA, 2016).

Em resumo, a impulsividade é uma predisposição para reações rápidas e não planejadas a estímulos internos ou externos, sem que o indivíduo impulsivo tenha em conta as consequências negativas que advêm dessas reações, para si próprio ou para os outros.

A dificuldade de autocontrole, na maior parte dos casos, se deve a uma forte reatividade/sensibilidade ao momento presente, que produz um impulso para a ação bastante intenso.

A impulsividade pode levar a fazer coisas das quais a pessoa depois se arrepende, inclusive falar demais, sem qualquer crítica, tomar decisões ruins e com planejamento insuficiente.

Alguns comportamentos relacionados ao TDAH que demonstram impulsividade:

- frequentemente dar respostas precipitadas, antes de as perguntas terem sido concluídas, o que aumenta o risco de erros;
- apresentar constante dificuldade em esperar sua vez, tornando-se inconveniente e inadequado socialmente;
- frequentemente interromper ou se meter em assuntos de outros.

Hiperatividade

O termo hiperatividade é caracterizado por "inquietação psicomotora excessiva, levando a dificuldade de permanecer por tempo prolongado em atividades mais longas ou com pouca agitação" (LOUZÁ NETO, 2010).

Também pode ser definida como "uma quantidade excessiva de atividade motora ou verbal com relação ao esperado para a idade e à situação concreta na qual se encontra o sujeito" (BONET; SORIANO, 2008).

É uma condição na qual a criança ou o indivíduo apresenta atividade física maior em relação a outros da mesma idade, além de dificuldade em manter a concentração, impulsividade e agitação intensa.

A hiperatividade pode ocorrer em diferentes graus de intensidade, com sintomas variando entre leves a graves. A depender da gravidade desses sintomas, a hiperatividade pode comprometer o desenvolvimento e a expressão linguística, a memória e as habilidades motoras (IPDA, 2014).

De acordo com o Instituto Paulista de Déficit de Atenção (IPDA, 2014), devem ser considerados alguns pontos importantes ao estudarmos a hiperatividade:

- nem todas as formas de hiperatividade têm relação com déficit de atenção, ou seja, a hiperatividade pode ser um sintoma de várias situações;
- outras causas possíveis são alterações metabólicas e hormonais, intoxicação por chumbo, complicações no parto, abuso de substâncias durante a gestação, entre outras;
- problemas situacionais, como crises familiares (luto, separação dos pais e outras mudanças), podem ser traumáticos para crianças e levarem a um quadro de hiperatividade reativa;
- todas essas possíveis causas devem ser investigadas, antes de se iniciar o tratamento, especialmente quando se desconfia de hiperatividade em bebês;
- um especialista em comportamento infantil pode ajudar a distinguir entre a criança naturalmente ativa e enérgica e aquela realmente hiperativa.

Normalmente, as crianças, até mesmo as menores, podem apresentar excesso de energia, correr, brincar e agitar-se durante horas, sem apresentar sinais de fadiga ou indisposição, sem cochilar, dormir ou demonstrar qualquer cansaço.

Para garantir que a criança realmente hiperativa seja cuidada adequadamente e evitar de tratar erroneamente uma criança neurotípica, é importante que ela receba um diagnóstico preciso a partir de avaliações com profissionais especialistas, daí a necessidade de investigação com médicos especialistas e avaliações com uma equipe multidisciplinar, além de um relato fiel por parte da família.

Vejamos alguns comportamentos relacionados ao TDAH que demonstram hiperatividade:

- dificuldade em brincar ou em envolver-se silenciosamente em atividades de lazer;
- demonstrar frequentemente agitação intensa;
- falar em demasia.

Portanto, o TDAH apresenta três características básicas: *desatenção, agitação* e *impulsividade.*

A criança com TDAH não consegue concentrar-se, distrai-se com facilidade, esquece seus compromissos, perde ou esquece objetos necessários para atividades importantes, tem dificuldade em seguir instruções até o fim e em se organizar, fala excessivamente, atropelando as palavras em alguns casos, interrompe os outros, não consegue esperar sua vez em filas ou em situações similares, responde a perguntas antes mesmo de estas serem formuladas...

Os sintomas de desatenção, hiperatividade e impulsividade, em crianças e adolescentes, colocam-nos em desvantagem em ambientes onde a focalização da atenção e o controle motor e dos impulsos são necessários para o adequado funcionamento e para a realização das inúmeras atividades cotidianas e demandas exigidas em cada fase da vida.

Possíveis causas do TDAH

Não se sabe precisamente qual o fator ocasionador do TDAH. Existem muitas causas prováveis e muitos questionamentos sobre esse tópico, como: origem biológica, lesão cerebral, epilepsia, medicamentos, dietas, envenenamento por chumbo, hereditariedade, traumas durante o parto ou, ainda, algum desequilíbrio da química do cérebro.

Na atualidade, a justificativa mais aceitável é que se trata de uma condição diagnóstica de origem genética (hereditariedade ou por mutação de genes) e de uma combinação de múltiplos fatores ambientais.

Segundo Mattos (2005): "não existe uma causa única perfeitamente estabelecida", porém, há pesquisas que apontam uma participação genética de 90% nesse diagnóstico, o que faz com que essa questão genética seja considerada um forte determinante do aparecimento desse transtorno.

No caso de criança com pais já diagnosticados com TDAH, há também a possibilidade de hereditariedade, pois as chances de desenvolver o transtorno, nesse caso, são duas vezes maiores (observa-se que 50% são filhos de pais hiperativos), embora nem todos os estudiosos concordem com essa hipótese, achando mais viável que isso seja consequência do desequilíbrio de uma química do cérebro.

É importante salientar que as possíveis causas do TDAH, assim como na maioria dos transtornos do neurodesenvolvimento, são em geral multifatoriais. Nunca se deve falar em determinação genética, mas sim em predisposição ou influência genética. O que acontece nesses transtornos é que a predisposição genética envolve vários genes, e não um único (como é a regra para várias de nossas características físicas, também).

Provavelmente não existe, ou não se acredita que exista, um único "gene do TDAH". Além disso, os genes podem ter diferentes níveis de atividade, alguns podem agir de modo diferente, a depender dos pacientes; eles interagem entre si, somando-se, ainda, às influências ambientais.

Também existe maior incidência de depressão, transtorno bipolar (antigamente denominado psicose maníaco-depressiva) e abuso de álcool e drogas em familiares de pessoas com TDAH (ABDA, 2014).

Considerando ainda o desenvolvimento cerebral e a genética, o TDAH também é considerado um transtorno de "base orgânica", associado a uma disfunção no córtex cerebral, numa área conhecida como lobo pré-frontal. Quando seu funcionamento está comprometido, há dificuldades de concentração, memória, hiperatividade e impulsividade (ver capítulo 7).

Outras possíveis causas importantes do TDAH (MATTOS, 2005):

- *Pré-natais:* relacionadas à mãe no decorrer da gravidez, como vícios, doenças crônicas, intoxicações e até, de importância fundamental, a própria aceitação da gravidez. Quando ingeridos durante a gravidez, a nicotina e o álcool podem causar alterações em algumas partes do cérebro do bebê, incluindo-se aí a região frontal orbital. Pesquisas indicam que mães alcoólatras têm mais chance de ter filhos com problemas de hiperatividade e desatenção.

É importante lembrar que muitos estudos somente revelam uma associação entre esses fatores, sem mostrar uma relação de causa e efeito.

- *Perinatais:* intercorrências durante o parto. Alguns estudos mostram que mulheres que tiveram problemas no parto, que acabaram por causar sofrimento fetal, têm mais chance de ter filhos com TDAH.
- *Pós-natais:* infecções do sistema nervoso central, traumatismos, intoxicações. Crianças pequenas que sofreram intoxicação por chumbo podem apresentar sintomas semelhantes aos do TDAH. Entretanto, não há nenhuma necessidade de se realizar qualquer exame de sangue para medir o chumbo numa criança com TDAH, já que isso é raro e pode ser facilmente identificado pela sua história clínica.

Inúmeros estudos em todo o mundo – inclusive no Brasil – demonstram que a prevalência do TDAH é semelhante em diferentes regiões, o que indica que o transtorno não é subordinado a fatores culturais (práticas de determinada sociedade etc.), ao modo como os pais educam os filhos ou aos resultados de conflitos psicológicos.

É indispensável conhecer como se deu ou está se dando a relação da criança com seus pais e irmãos, para que se tenha melhor compreensão do problema. Por isso, é de fundamental importância observar o ambiente onde a criança vive, pois as condições familiares, sociais, culturais, psicológicas e afetivas podem gerar um quadro comportamental idêntico ao TDAH, levando a um diagnóstico errôneo.

Muitas crianças são diagnosticadas com o transtorno, quando, na realidade, o problema é falta de limites, disciplina e/ou aceitação e acolhimento amoroso por parte dos pais. É consenso que a aprendizagem tem início em casa, no meio familiar, de maneira informal e totalmente empírica.

O TDAH é um transtorno multifatorial, com total interação entre fatores genéticos, ambientais e neuroquímicos, determinando o conjunto de características que identificam uma pessoa. Em estudos genéticos, esse conjunto de características é chamado de "fenótipo" (ABDA, 2014).

Apesar do grande número de estudos já realizados em todo o mundo, as causas precisas para o TDAH ainda não são conhecidas, porém, as influências de fatores genéticos são muito fortes, maiores até que a contribuição dos agentes ambientais e sociais, e isso é amplamente aceito na literatura de estudos atuais.

Assim como ocorre na maioria dos transtornos do neurodesenvolvimento, acredita-se que vários genes de pequeno efeito sejam responsáveis pela vulnerabilidade (ou suscetibilidade) genética ao transtorno, somando-se a eles diferentes agentes ambientais, como fatores múltiplos de combinação.

"O modelo mais aceito no momento para explicar as causas do TDAH é o de uma vulnerabilidade herdada ao transtorno, que vai manifestar-se de acordo com a presença de desencadeadores ambientais. Quanto mais forte a carga genética, menor a importância dos desencadeadores ambientais" (ROHDE; BENCZIK, 1999).

Classificação quanto aos tipos de TDAH

O TDAH pode se manifestar de diversas maneiras e com graus de comprometimento diferentes em cada indivíduo. Contudo, para fins didáticos, diagnósticos e de análise, há três tipos principais de TDAH, de acordo com a classificação atual do DSM-5 (APA, 2014):

- TDAH Tipo desatento.
- TDAH Tipo hiperativo-impulsivo.
- TDAH Misto/combinado.

Segundo o Instituto Paulista de Déficit de Atenção (IPDA), alguns especialistas consideram que há um número maior de tipos de TDAH, entre eles: tipos predominantemente *ansiosos*, *depressivos* ou com traços *obsessivo-compulsivos*, que exigiriam tratamentos diferenciados, especialmente por se tratar de quadros que comportam outras comorbidades, o que ampliaria o quadro principal.

O TDAH é um transtorno extensivamente estudado, com dados de alta qualidade que demonstram sua validade.

Crianças e adolescentes com esse transtorno apresentam um comprometimento significativo e correm risco maior de terem déficit no desenvolvimento social, emocional e educacional, o que pode perpetuar-se ao longo dos anos, a depender dos processos interventivos e de cada caso.

Apesar das preocupações existentes com o número excessivo de diagnósticos e com alguns diagnósticos equivocados, os estudos conduzidos no Brasil indicam que aproximadamente 95% das crianças com TDAH não recebem tratamento e que há ainda uma grande parte de adultos com diagnósticos incorretos ou que não foram diagnosticados. Isso reforça a necessidade de cumprimento das políticas de inclusão e da oferta de serviços de identificação e intervenção precoces.

A falta de treinamento profissional adequado e o estigma ainda muito presente são barreiras importantes para o reconhecimento e tratamento do TDAH.

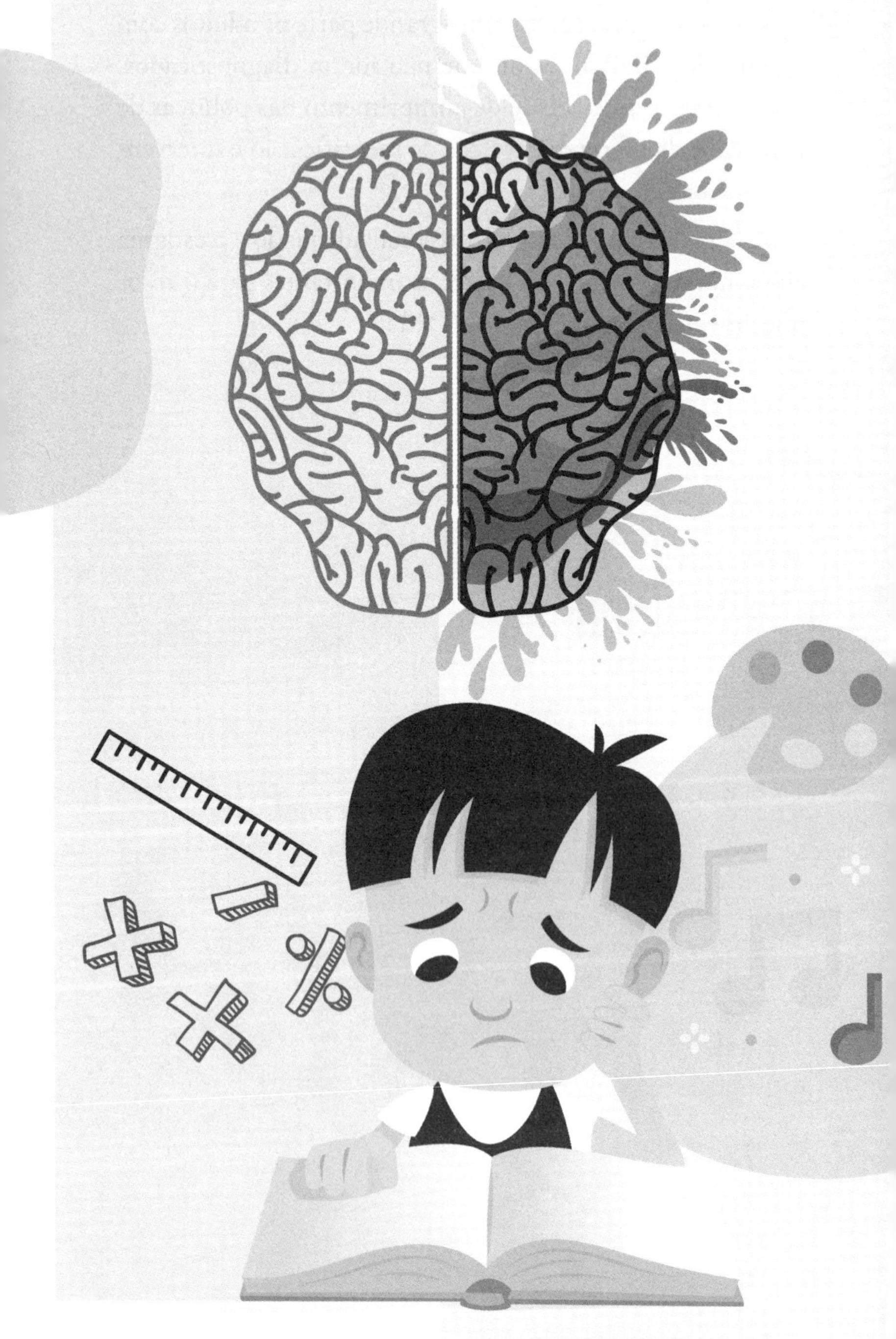

Capítulo 3

Transtorno do Déficit de Atenção com Hiperatividade (TDAH): entidade nosográfica e sua caracterização

Muito se tem falado a respeito do uso de diagnósticos psiquiátricos para justificar problemas de aprendizado, de comportamento, ou até mesmo a dificuldade dos pais em educar seus filhos. O diagnóstico de TDAH é um bom exemplo disso, pois ainda permeiam sobre essa temática diversos equívocos e mitos, o que, por sua vez, só tende a aumentar as dificuldades para a compreensão e a aceitação desse transtorno.

Muito presente e sempre discutido na mídia, ele reúne tanto defensores da diagnose como ferrenhos opositores, o que confunde os profissionais e familiares a respeito dessa condição médica, que é real e requer um olhar de conhecimento e compreensão.

Outro tópico bastante polêmico é o uso de medicações – *terapia medicamentosa* (necessária em muitos casos de TDAH e suas comorbidades) –, pois também iremos deparar-nos com defensores e opositores dessa prática, os quais levantam alguns questionamentos sobre os efeitos colaterais dessas medicações, que poderiam ser mais prejudiciais que os próprios sintomas da condição médica. Algumas discussões dizem respeito ao fato de existir ou não o risco de os pacientes ficarem "dependentes", se as medicações poderiam causar mudanças ou danos permanentes ao cérebro etc. São inúmeras as especulações e afirmativas sem comprovação real.

Alguns mitos ainda persistem na mente de muitas pessoas, como, por exemplo, afirmar que a medicação mais comumente usada no tratamento, o metilfenidato, faria com que as crianças com TDAH ficassem "boazinhas", "obedientes", pois, na verdade, "retiram a espontaneidade ou a criatividade delas".

Todas essas polêmicas e discussões tornaram os sintomas do TDAH mais conhecidos entre a população em geral e impulsionaram o surgimento de associações que objetivam oferecer mais informações a todos e minimizar o preconceito em torno do diagnóstico.

Apesar dos muitos ganhos gerados por essas iniciativas, ainda existem muitas dúvidas e inúmeros mitos em torno do TDAH. O desconhecimento ainda persiste entre profissionais da saúde, da educação e da ação social, sem contar no desconhecimento, apesar da disseminação de informações, por parte de outras categorias profissionais e da sociedade em geral.

Entre os educadores, o desconhecimento aumenta as sensações de impotência e frustração, pois o quadro de características comportamentais do TDAH afeta não apenas o comportamento, mas também o processo de aprendizado e a socialização do aluno.

Grande parte da literatura aborda apenas os aspectos comportamentais do TDAH. Sabemos que os comportamentos hiperativos, disruptivos (comportamentos desorganizados) e impulsivos interferem não apenas no dia a dia do professor e do estudante, mas em todo o ambiente escolar, e é por isso que esses comportamentos acabam recebendo mais atenção por parte dos profissionais.

É importante ressaltar que as alterações no funcionamento cognitivo, com consequências negativas principalmente nas funções executivas, na linguagem (receptiva e expressiva) e nas habilidades motoras, fazem parte do quadro do TDAH e devem ser estudadas de forma particularizada. Assim, podem-se vislumbrar adequações curriculares funcionais e planos de atendimento individualizados que realmente atendam as necessidades de cada caso.

Esses comprometimentos afetam a capacidade de aprendizagem e o desempenho escolar, por isso, lidar com os sintomas do TDAH e suas consequências não é um problema apenas de quem os apresenta, mas também dos familiares e da sociedade, pois a inclusão é um compromisso de todos e um dever de cada cidadão, começando pelo grupo familiar, que muitas vezes vivencia fases bem significativas como a *negação*, a *adaptação* e a *aceitação*. Nesse contexto, os professores têm importante papel e real responsabilidade na melhoria do processo de aprendizado do sujeito em seu tempo de vida acadêmica. Portanto, mesmo que quisessem, os professores não poderiam ser excluídos do tratamento do TDAH.

Por isso, é importante difundir informações sobre o TDAH, de modo a auxiliar profissionais de todas as áreas, em especial professores e demais profissionais envolvidos na arte de educar, para que consigam precocemente identificar seus sintomas e características, desenvolver estratégias verdadeiramente eficazes para o processo de ensino e para o manejo comportamental do aluno, contribuindo para a melhora da qualidade de vida dessas pessoas.

A pergunta que persiste: existe mesmo o TDAH?

É muito comum observarmos no dia a dia inúmeras crianças que não conseguem ficar quietas, que estão o tempo todo "aprontando" alguma coisa, parecem até estar ligadas em uma tomada elétrica, sempre agitadas, como se não conseguissem relaxar. Muitas vezes, elas parecem não ouvir quando são chamadas pelo nome e, quando "ouvem", demonstram muita dificuldade em se organizar para fazer o que lhes é solicitado, como se não obedecessem às ordens ou regras que lhes são impostas.

Há ainda outras características apresentadas por essas crianças, como acentuada dificuldade em aguardar sua vez em atividades ou em eventos com fila de espera, tendência a interromper os outros no meio de uma conversa, mudança de assunto ou de atividade de forma recorrente, além de agirem impulsivamente, sem prévia análise de suas ações, chegando a apresentar, em alguns casos, comportamentos hostis, indiferentes e até agressivos.

Na escola, essas crianças normalmente têm complicações no aprendizado – leitura e escrita, capacidade de raciocínio lógico –, assim como problemas no relacionamento com seus pares, como se não se enquadrassem nas regras naturalmente impostas pelos grupos, o que, no geral, acarreta medidas disciplinares, como advertências, suspensão, expulsão, repetência e a sentimentos de menos-valia e baixa autoestima, levando à evasão escolar.

Em geral, a primeira reação, por parte dos educadores ou leigos no assunto, é pensar que são crianças mal-educadas, com pais negligentes ou com dificuldade de "impor limites". É possível que essa primeira impressão esteja correta. Entretanto, também existe a probabilidade de que elas apresentem algum distúrbio, como o TDAH, e não que sejam simplesmente "mal-educadas".

Conforme explicado anteriormente, o TDAH é considerado um transtorno de funcionamento cerebral, um transtorno neurobiológico ou um transtorno do neurodesenvolvimento, que acomete crianças, adolescentes e adultos, independentemente de local de origem, nível socioeconômico ou cultural, raça ou religião.

Atualmente, não existe no meio científico nenhuma dúvida sobre a gravidade e a amplitude das consequências do TDAH não só na vida de quem apresenta tal condição médica como também na de seus familiares. Para evitá-las, é preciso reunir esforços em diversas áreas para reduzir o tempo entre o início de identificação dos sintomas e a realização do diagnóstico correto, garantindo que todos os pacientes/alunos tenham acesso a um tratamento adequado do TDAH e os possíveis comprometimentos a ele associados (comorbidades).

Apesar dessas certezas no meio acadêmico e científico, alguns setores da sociedade e profissionais das áreas de educação e saúde ainda questionam a existência do TDAH.

Como saber, então, se o diagnóstico não é uma "invenção" dos médicos ou, talvez, uma consequência da correria da vida moderna ou da quantidade de estímulos oferecidos e aos quais somos submetidos, em um mundo globalizado, cada vez mais tecnológico?

Uma forma de tentar responder a essa pergunta é saber qual a frequência do problema em países com culturas diferentes. Para isso, é preciso realizar estudos na população em geral, chamados "epidemiológicos". Informar-se sobre os primeiros relatos desse diagnóstico e sobre a evolução das pesquisas no decurso do tempo também é importante.

O TDAH recebeu várias denominações desde o reconhecimento do problema, como, por exemplo, lesão cerebral mínima, síndrome hipercinética e disfunção cerebral mínima. Os critérios utilizados para seu diagnóstico também variaram bastante ao longo desse período. As diferenças de denominação e de critérios diagnósticos podem confundir as pessoas. Por outro lado, na maioria das vezes os termos usados mudaram para acompanhar os resultados das pesquisas e, dessa forma, refletir maior conhecimento sobre o TDAH.

Por exemplo, o termo "lesão cerebral mínima" foi utilizado no período em que se acreditava que as pessoas com TDAH tinham uma lesão no cérebro, sendo esta tão "mínima" que era impossível ser detectada em exames radiológicos, e, apesar dos graves problemas de comportamento decorrentes, seria menos grave que distúrbios neurológicos, tais como tumores cerebrais. Atualmente, sabe-se que esse transtorno não é consequência de nenhuma lesão no cérebro.

Estudos epidemiológicos realizados em diversos países, com características culturais muito diversas, revelaram que o TDAH existe em todas as culturas e comprovaram que não está subordinado a fatores ambientais, como estilo de educação dos pais (a famosa "falta de limites" ou "falta de educação"), nem é consequência de conflitos psicológicos.

Tais estudos investigam quantos indivíduos têm um diagnóstico específico, em determinado período de tempo. O número total é chamado de "taxa de prevalência", ou apenas "prevalência". Essa taxa permite compreender o quanto determinado diagnóstico numa população é comum ou raro.

Quando se avalia a frequência na busca por atendimento nas clínicas ou em ambulatórios de saúde mental, é possível observar que o TDAH é o transtorno mais comumente encaminhado para serviços especializados em psiquiatria da infância e da adolescência.

Também existem evidências científicas de que, quando diagnosticado o transtorno, é importante dar início precoce ao tratamento, tendo em vista que a persistência dos sintomas pode causar graves comprometimentos no aprendizado, na autoestima e nos relacionamentos sociais e familiares.

O diagnóstico de TDAH é clínico e observacional. Não existe, até o momento, nenhum exame ou teste que, sozinho, permita determinar o diagnóstico, nem mesmo os mais modernos, tais como ressonância magnética funcional, eletroencefalograma digital ou dosagem de substâncias no sangue ou em fios de cabelo.

Para a elaboração de uma diagnose correta do TDAH, são necessárias várias avaliações, muitas vezes com abordagem multidisciplinar.

A avaliação clínica com médico neuropediatra ou psiquiatra infantil deve coletar informações não apenas com base na observação da criança durante a consulta, mas também realizar entrevista com seus pais e/ou cuidadores, solicitar informações da escola que ela frequenta acerca de seu comportamento, sociabilidade e aprendizado, além de utilizar escalas de avaliação da presença e gravidade dos sintomas.

Após reunir todas essas informações, o médico deve avaliar se o paciente preenche os critérios diagnósticos para o TDAH. Esses critérios diagnósticos estão descritos no DSM-5 (APA, 2014) e no CID-11. Correspondem a uma lista de sintomas e sinais, elaborados por um grupo de pesquisadores especialistas no assunto, e utilizados para homogeneizar a forma de se avaliar se um indivíduo tem ou não determinada doença, transtorno ou quadros similares.

Apesar das enormes vantagens que o DSM-5 (APA, 2014) e o CID-11 proporcionaram, é preciso estar atento para que não sejam utilizados de forma equivocada. Ou seja, os manuais nunca podem ser usados para estigmatizar as pessoas. Da mesma forma, é importante lembrar que o diagnóstico é o início do tratamento, não o seu fim. Levantamos essa questão porque muitos professores perguntam se, ao revelarem o diagnóstico para alguém ou discutirem sobre o caso com a família, não existe o risco de "rotular" o paciente.

É interessante notar que esse questionamento só é feito no caso de diagnósticos psiquiátricos ou comportamentais. Quando nos consultamos com qualquer outra especialidade médica, procuramos sempre saber o que temos.

Os profissionais da área de saúde e de educação precisam se sentir à vontade para discutir um diagnóstico específico, para garantir que as crianças com síndromes, transtornos, distúrbios ou deficiências, quaisquer que sejam, tenham os mesmos direitos que as demais, sem condições médicas e, portanto, consideradas "neurotípicas".

Capítulo 4

Critérios para o diagnóstico do Transtorno do Déficit de Atenção com Hiperatividade (TDAH)

Conforme relatado anteriomente, o TDAH necessita de uma avaliação clínica e observacional no processo de diagnóstico e tratamento, considerando os critérios explicitados no Manual Diagnóstico e Estatístico dos Transtornos Mentais da Associação Americana de Psiquiatria, atualmente na sua 5ª edição (DSM-5), publicada em 2013.

O Manual destina-se aos profissionais da área da saúde mental (tais como psicólogos, fonoaudiólogos, médicos e terapeutas ocupacionais), pesquisadores, companhias de seguro, indústria farmacêutica e parlamentos políticos, e nele são listadas diferentes categorias de transtornos mentais e critérios para diagnosticá-los, de acordo com a Associação Americana de Psiquiatria (American Psychiatric Association — APA).

Na atual versão, mais que a nomeação dos transtornos, procurou-se enfatizar a identificação das necessidades do indivíduo, como sua vida é afetada e com que intensidade.

Segundo os critérios do DSM-5, para que o diagnóstico de TDAH seja confirmado é preciso que se observe a existência de ao menos seis sintomas conflitantes, persistentes ao longo de um período de seis meses. O TDAH pode, ainda, ser classificado de três diferentes formas:

- TDAH-D, quando o indivíduo apresenta seis ou mais sintomas de desatenção e menos de seis sintomas de hiperatividade/impulsividade;
- TDAH-H, quando apresenta mais de seis sintomas de hiperatividade/impulsividade e menos de seis sintomas de desatenção;
- TDAH-C, quando apresenta seis ou mais sintomas tanto de desatenção quanto de hiperatividade/impulsividade.

A seguir, discutiremos esses critérios diagnósticos pormenorizadamente.

Critérios diagnósticos A

Um padrão persistente de desatenção e/ou hiperatividade-impulsividade que interfere no funcionamento e no desenvolvimento, conforme caracterizado por desatenção (1) e/ou hiperatividade e impulsividade (2):

1. Desatenção

Seis (ou mais) dos seguintes sintomas precisam persistir por pelo menos seis meses, em um grau inconsistente com o nível do desenvolvimento, causando impacto negativo diretamente nas atividades sociais e acadêmicas/profissionais.

(*Nota:* os sintomas não são apenas uma manifestação de comportamento opositor, desafio, hostilidade ou dificuldade para compreender tarefas ou instruções.)

Para adolescentes mais velhos e adultos (17 anos ou mais), pelo menos cinco sintomas são necessários.

1. Frequentemente, não presta atenção em detalhes ou comete erros por descuido em tarefas escolares, no trabalho ou durante outras atividades (por exemplo, negligencia ou deixa passar detalhes; o trabalho é impreciso).
2. Com frequência, tem dificuldade de manter a atenção em tarefas ou atividades lúdicas (por exemplo, não consegue manter o foco durante as aulas, as conversas ou em leituras prolongadas).
3. Em geral, parece não escutar quando alguém lhe dirige a palavra diretamente (por exemplo, parece estar com o pensamento longe, mesmo na ausência de qualquer distração óbvia).
4. Seguidamente, não segue instruções até o fim e não consegue terminar tarefas escolares, serviços ou deveres do trabalho (por exemplo, começa as tarefas, mas rapidamente perde o foco do que estava fazendo).
5. Frequentemente, não consegue organizar tarefas e atividades (por exemplo, tem dificuldade em gerenciar tarefas sequenciais, em manter materiais e objetos pessoais em ordem; o trabalho é desorganizado e desleixado; gerencia mal o tempo, tendo problemas em cumprir prazos).
6. Continuamente, evita, não gosta ou reluta em se envolver em tarefas que exijam esforço mental prolongado (por exemplo, trabalhos escolares ou lições de casa; no caso de adolescentes

mais velhos e adultos, preparo de relatórios, preenchimento de formulários, revisão de trabalhos longos).
7. Repetidamente, perde objetos necessários para a realização de tarefas ou atividades (por exemplo, materiais escolares, lápis, livros, instrumentos, carteiras, chaves, documentos, óculos, celular).
8. De forma recorrente, é facilmente distraído por estímulos externos (no caso de adolescentes mais velhos e adultos, podem-se incluir pensamentos não relacionados).
9. Com frequência, esquece-se de executar atividades cotidianas (por exemplo, realizar tarefas, obrigações; no caso de adolescentes mais velhos e adultos, de retornar ligações, pagar contas, manter horários agendados).

2. Hiperatividade e impulsividade

Seis (ou mais) dos seguintes sintomas precisam persistir por pelo menos seis meses, em um grau inconsistente com o nível do desenvolvimento, causando impacto negativo diretamente nas atividades sociais e acadêmicas/profissionais. (*Nota*: os sintomas não são apenas uma manifestação de comportamento opositor, desafio, hostilidade ou dificuldade para compreender tarefas ou instruções.)

No caso de adolescentes mais velhos e adultos (17 anos ou mais), pelo menos cinco sintomas são necessários.

1. Frequentemente, remexe ou tamborila as mãos ou os pés ou, ainda, se contorce na cadeira.

2. Com frequência, não consegue manter-se sentado (por exemplo, no horário da aula, no expediente no escritório ou em outro local ou situações em que se exija sua permanência no lugar).
3. Repetidamente, corre ou escala as coisas, em situações em que isso é inapropriado. (*Nota*: em adolescentes ou adultos, isso pode limitar-se a sensações de inquietude.)
4. Com regularidade, é incapaz de brincar ou de se envolver em atividades de lazer calmamente.
5. Com frequência, mostra-se agitado demais (por exemplo, não consegue ou se sente desconfortável em ficar parado por muito tempo, como em restaurantes, reuniões; algumas pessoas podem considerar esse indivíduo inquieto ou difícil de ser acompanhado).
6. Frequentemente fala demais.
7. Continuamente deixa escapar uma resposta, antes que a pergunta tenha sido concluída (por exemplo, termina frases que estão sendo ditas por outras pessoas, não consegue aguardar sua vez de falar).
8. Em geral, tem dificuldade para esperar a sua vez (por exemplo, aguardar em uma fila).
9. Frequentemente, interrompe ou se intromete em algo (por exemplo, intromete-se em conversas, jogos ou atividades; pode usar as coisas de outras pessoas, sem pedir ou receber permissão; no caso de adolescentes e adultos, pode tomar parte ou assumir o controle sobre o que outros estão fazendo).

Critérios diagnósticos B

Vários sintomas de desatenção ou hiperatividade-impulsividade estiveram presentes antes dos 12 anos de idade.

Critérios diagnósticos C

Vários sintomas de desatenção ou hiperatividade-impulsividade estiveram presentes em dois ou mais ambientes (por exemplo, em casa, na escola, no trabalho; com amigos ou parentes; em outras atividades).

Critérios diagnósticos D

Há evidências claras de que os sintomas manifestados interferem no funcionamento social, acadêmico ou profissional ou, ainda, que reduzem sua qualidade.

Critérios diagnósticos E

Os sintomas não ocorrem exclusivamente durante o curso de esquizofrenia ou de outro transtorno psicótico e não podem ser explicados por outro transtorno mental (por exemplo, transtorno do humor, transtorno de ansiedade, transtorno dissociativo, transtorno da personalidade, intoxicação ou abstinência de substância).

Subtipos

314.01 (F90.2) — Apresentação combinada: se tanto o Critério A1 (desatenção) quanto o Critério A2 (hiperatividade-impulsividade) foram preenchidos nos últimos seis meses.

314.00 (F90.0) — *Apresentação predominantemente desatenta*: se o Critério A1 (desatenção) foi preenchido, mas o Critério A2 (hiperatividade-impulsividade) não, no decorrer dos últimos seis meses.

314.01 (F90.1) — *Apresentação predominantemente hiperativa/impulsiva*: se o Critério A2 (hiperatividade-impulsividade) foi preenchido, mas o Critério A1 (desatenção) não, no decorrer dos últimos seis meses.

Gravidade

- *Leve*: poucos sintomas, além dos necessários para fazer o diagnóstico, estão presentes, e os sintomas resultam em não mais do que pequenos prejuízos no funcionamento social ou profissional.
- *Moderada*: sintomas ou prejuízo funcional entre "leve" e "grave" estão presentes.
- *Grave*: muitos sintomas, além dos necessários para fazer o diagnóstico, estão presentes, ou vários sintomas particularmente graves estão presentes, ou os sintomas podem resultar em prejuízo acentuado no funcionamento social ou profissional.

Características diagnósticas

A característica essencial do Transtorno de Déficit de Atenção com Hiperatividade é um padrão persistente de desatenção e/ou hiperatividade-impulsividade que interfere no funcionamento ou no desenvolvimento do indivíduo.

A *desatenção* manifesta-se comportamentalmente no TDAH como divagação em tarefas, falta de persistência, dificuldade de manter o foco e desorganização – e não constitui consequência de desafio ou falta de compreensão.

A *hiperatividade* refere-se à atividade motora excessiva (como, por exemplo, uma criança que corre por tudo), quando não é o momento apropriado para remexer, tamborilar ou até mesmo conversar em excesso. Nos adultos, a hiperatividade pode se manifestar como inquietude extrema.

A *impulsividade* refere-se a ações precipitadas que ocorrem no momento, sem premeditação e com elevado potencial de dano à pessoa (por exemplo, atravessar uma rua sem olhar). Pode ser reflexo de um desejo por recompensas imediatas ou de incapacidade de postergar a gratificação.

Comportamentos impulsivos podem se manifestar através de intromissão social (por exemplo, interromper os outros em excesso) e/ou tomada de decisões importantes sem consideração das consequências a longo prazo (por exemplo, assumir um emprego sem informações adequadas).

O TDAH começa na infância

A exigência de que vários dos sintomas estejam presentes antes dos 12 anos de idade exprime a importância de uma apresentação clínica substancial durante a infância. Ao mesmo tempo, uma idade de início mais precoce do transtorno não é especificada devido a dificuldades para se estabelecer retrospectivamente quando se daria seu início na infância. As lembranças dos adultos sobre sintomas na infância tendem a não ser confiáveis, sendo benéfico obter informações complementares.

Manifestações do transtorno devem estar presentes em mais de um ambiente (por exemplo, em casa, na escola e no trabalho). A confirmação de sintomas substanciais em vários ambientes não costuma ser feita com precisão sem uma consulta a informantes que tenham visto o indivíduo em tais ambientes.

É comum os sintomas variarem conforme o contexto em determinado ambiente.

Os sinais do transtorno podem ser mínimos ou até ausentes se o indivíduo estiver recebendo recompensas frequentes por mostrar um comportamento apropriado, se está sob supervisão, se encontra-se em uma situação nova, se está envolvido em atividades especialmente interessantes, ou se estiver recebendo estímulos externos consistentes (por exemplo, através de telas eletrônicas), ou, ainda, quando está interagindo em situações individualizadas (por exemplo, em um consultório).

Características associadas que apoiam o diagnóstico:
- Atrasos leves no desenvolvimento linguístico, motor ou social não são específicos do TDAH, embora costumem ser comórbidos.
- As características associadas podem incluir baixa tolerância a frustração, irritabilidade ou labilidade do humor.
- Mesmo na ausência de um transtorno específico da aprendizagem, o desempenho acadêmico ou profissional costuma ser prejudicado.

- Comportamento desatento está associado a vários processos cognitivos subjacentes, e indivíduos com TDAH podem exibir problemas cognitivos em testes de atenção, função executiva ou memória, embora esses testes não sejam suficientemente sensíveis ou específicos para servir como índices diagnósticos.
- No início da vida adulta, o TDAH está associado a risco aumentado de tentativa de suicídio, principalmente quando se junta a transtornos do humor, da conduta ou ao uso de substâncias.
- Não há marcador biológico determinante de um diagnóstico de TDAH.
- Como grupo, na comparação com pares, crianças com TDAH apresentam eletroencefalogramas com aumento de ondas lentas, volume encefálico total reduzido na ressonância magnética e, possivelmente, atraso na maturação cortical no sentido póstero-anterior, embora esses achados não sejam diagnósticos.
- Nos raros casos em que há uma causa genética conhecida (por exemplo, síndrome do X frágil, síndrome da deleção 22q11), a presença do TDAH ainda deve ser diagnosticada.

Prevalência

Levantamentos populacionais sugerem que o TDAH ocorre na maioria das culturas em cerca de 5% das crianças e 2,5% dos adultos.

Desenvolvimento e curso

Muitos pais observam pela primeira vez uma atividade motora excessiva quando a criança começa a andar, mas é difícil distinguir esse sintoma do comportamento normal, que é altamente variável, antes dos 4 anos de idade.

O TDAH costuma ser identificado com mais frequência durante os anos do Ensino Fundamental, quando a desatenção fica mais saliente e prejudicial.

O transtorno fica relativamente estável nos anos iniciais da adolescência, mas alguns indivíduos podem apresentar piora, com o desenvolvimento de comportamentos antissociais.

Na maioria das pessoas com TDAH, sintomas de hiperatividade motora ficam menos claros na adolescência e na vida adulta, embora persistam dificuldades com planejamento, inquietude, desatenção e impulsividade.

Uma proporção substancial de crianças com TDAH permanece relativamente prejudicada até a vida adulta.

Na pré-escola, a principal manifestação é a hiperatividade.

A desatenção fica mais proeminente nos anos do Ensino Fundamental.

Na adolescência, sinais de hiperatividade (por exemplo, correr ou subir em móveis) são menos comuns, podendo limitar-se a comportamento mais irrequieto ou sensação interna de nervosismo, inquietude ou impaciência.

Na vida adulta, além da desatenção e da inquietude, a impulsividade pode permanecer problemática, mesmo quando ocorre redução da hiperatividade.

Fatores de risco e prognóstico

1. Temperamentais

O TDAH está associado a níveis menores de inibição comportamental, de controle à base de esforço ou de contenção, bem como a afetividade negativa e/ou maior busca por novidades.

Esses traços predispõem algumas crianças ao TDAH, embora não sejam específicos do transtorno.

2. Ambientais

Muito baixo peso ao nascer (menos de 1.500 gramas) confere um risco duas a três vezes maior para o TDAH, embora a maioria das crianças com baixo peso ao nascer não desenvolva o transtorno.

Embora o TDAH esteja correlacionado com o tabagismo na gestação, parte dessa associação reflete um risco genético comum.

Uma minoria de casos pode estar relacionada a reações a aspectos da dieta alimentar.

Pode haver histórico de abuso infantil, negligência, múltiplos lares adotivos, exposição a neurotoxina (por exemplo, chumbo), infecções (por exemplo, encefalite) ou exposição ao álcool no útero.

A exposição a toxinas ambientais foi correlacionada com o TDAH subsequente, embora não se saiba se tais associações são causais.

3. Genéticos e fisiológicos

O TDAH é frequente em parentes biológicos de primeiro grau com o transtorno. A hereditariedade do TDAH é substancial.

Alguns genes específicos foram correlacionados com o transtorno, mas eles não constituem fatores causais necessários ou suficientes.

Deficiências visuais e auditivas, anormalidades metabólicas, transtornos do sono, deficiências nutricionais e epilepsia devem ser considerados influências possíveis nos sintomas de TDAH.

O TDAH não está associado a características físicas específicas, ainda que taxas de anomalias físicas menores (por exemplo, hipertelorismo,[1] palato bastante arqueado, baixa implantação de orelhas) possam ser relativamente aumentadas.

Atrasos motores sutis e outros sinais neurológicos leves podem ocorrer. (*Observação*: falta de jeito e atrasos motores comórbidos devem ser codificados separadamente [por exemplo, transtorno do desenvolvimento da coordenação].)

Modificadores do curso

Padrões de interação familiar no começo da infância provavelmente não causam o TDAH, embora possam influenciar em seu curso ou contribuir para o desenvolvimento secundário de problemas de conduta.

---

[1] Malformação do crânio do bebê, que ocorre durante a gestação e se caracteriza pelo afastamento dos olhos.

Questões diagnósticas relativas à cultura

Diferenças regionais nas taxas de prevalência do TDAH parecem principalmente atribuíveis a práticas diagnósticas e metodológicas diferentes. Entretanto, pode haver, ainda, variações culturais em termos de atitudes ou interpretações acerca do comportamento infantil.

As taxas de identificação clínica nos Estados Unidos para populações afro-americanas e latinas tendem a ser mais baixas do que para populações brancas.

As indicações de sintomas realizadas por informantes podem ser influenciadas pelo grupo cultural da criança e do informante, sugerindo que práticas culturalmente apropriadas são relevantes na avaliação do TDAH.

Questões diagnósticas relativas ao gênero

O TDAH é mais frequente no sexo masculino do que no feminino na população em geral, com uma proporção de cerca de 2:1 nas crianças e de 1,6:1 nos adultos.

Há maior probabilidade de pessoas do sexo feminino se apresentarem primariamente com características de desatenção na comparação com as do sexo masculino.

Consequências funcionais

O TDAH está associado a desempenho escolar e sucesso acadêmico reduzidos, rejeição social e, nos adultos, a baixo rendimento, êxito e assiduidade no campo profissional, bem como a maior probabilidade de desemprego, além de altos níveis de conflito interpessoal.

Crianças com o TDAH apresentam uma probabilidade significativamente maior do que seus pares para desenvolver transtorno da conduta na adolescência e transtorno da personalidade antissocial na idade adulta, aumentando, assim, a possibilidade de transtornos por uso de substâncias e de prisão.

O risco subsequente para transtornos por uso posterior de substâncias é alto, especialmente quando se desenvolve o transtorno da conduta ou transtorno da personalidade antissocial.

Indivíduos com o TDAH são mais propensos a sofrer lesões do que seus colegas. Acidentes e violações de trânsito são mais frequentes em condutores com o transtorno.

Pode haver probabilidade aumentada de obesidade entre indivíduos com TDAH.

Autodeterminação variável ou inadequada a tarefas que exijam esforço prolongado frequentemente é interpretada como preguiça, irresponsabilidade ou falta de cooperação.

As relações familiares podem se caracterizar por discórdia e interações negativas.

Já as relações com os pares costumam ser conturbadas, devido à rejeição, negligência ou provocações.

Em média, pessoas com o transtorno alcançam escolaridade menor, obtêm menor sucesso profissional e escores intelectuais reduzidos, em comparação com seus pares, embora exista grande variabilidade.

Em sua forma grave, o transtorno é marcadamente prejudicial, afetando a adaptação social, familiar e escolar/profissional.

Déficits acadêmicos, problemas escolares e negligência por parte dos colegas tendem a estar principalmente associados a sintomas elevados de desatenção, ao passo que a rejeição e, em menor grau, as lesões acidentais são mais proeminentes quando há sintomas acentuados de hiperatividade ou impulsividade.

Diagnóstico diferencial

1. Transtorno de Oposição Desafiante (TOD)

Indivíduos com esse transtorno podem opor-se a tarefas profissionais ou escolares que exijam autodeterminação porque resistem a se conformar às exigências dos outros.

O comportamento desses indivíduos caracteriza-se por negatividade, hostilidade e desafio.

Esses sintomas devem ser diferenciados de aversão à escola ou a tarefas de alta exigência mental, causada por dificuldade em manter um esforço mental prolongado, esquecimento de orientações e impulsividade, o que caracteriza indivíduos com TDAH.

Um complicador do diagnóstico diferencial é o fato de que alguns indivíduos com TDAH podem desenvolver atitudes de oposição secundárias em relação a tais tarefas e, assim, desvalorizar sua importância.

2. Transtorno Explosivo Intermitente

O TDAH e o Transtorno Explosivo Intermitente compartilham níveis elevados de comportamento impulsivo. Entretanto, indivíduos com o Transtorno Explosivo Intermitente apresentam agressividade importante dirigida aos outros, o que não é característico do TDAH, e não têm problemas em manter a atenção, como se vê no TDAH. Além disso, o Transtorno Explosivo Intermitente é raro na infância.

O Transtorno Explosivo Intermitente pode ser diagnosticado na presença de TDAH.

3. Outros transtornos do neurodesenvolvimento

A atividade motora aumentada, que pode ocorrer no TDAH, deve ser diferenciada do comportamento motor repetitivo que caracteriza o Transtorno do Movimento Estereotipado e de alguns casos de Transtorno do Espectro do Autismo (TEA).

No Transtorno do Movimento Estereotipado (transtorno motor), o comportamento motor costuma ser fixo e repetitivo (por exemplo, balançar o corpo, morder a si mesmo), enquanto a inquietude e a agitação no TDAH costumam ser generalizadas e não caracterizadas por movimentos estereotipados repetitivos.

No Transtorno de Tourette (transtorno motor), tiques múltiplos e frequentes podem ser confundidos com a inquietude generalizada do TDAH. Pode haver necessidade de observação prolongada para que seja feita a distinção entre inquietude e ataques de múltiplos tiques.

4. Transtornos específicos da aprendizagem

Crianças com um transtorno específico da aprendizagem podem parecer desatentas devido à frustração, falta de interesse ou capacidade limitada. A desatenção, no entanto, em pessoas com um transtorno específico da aprendizagem, mas sem TDAH, não acarreta prejuízos fora dos trabalhos acadêmicos.

5. Deficiência intelectual (transtorno do desenvolvimento intelectual)

Sintomas de TDAH são comuns entre crianças colocadas em ambientes acadêmicos inadequados à sua capacidade intelectual. Nesses casos, os sintomas não são evidentes durante as tarefas não acadêmicas. Um diagnóstico de TDAH na deficiência intelectual exige que a desatenção ou a hiperatividade sejam excessivas para a idade mental.

6. Transtorno do Espectro do Autismo (TEA)

Indivíduos com TDAH e aqueles com Transtorno do Espectro do Autismo exibem desatenção, disfunção social e comportamento de difícil manejo. A disfunção social e a rejeição pelos pares, percebidas em pessoas com TDAH, devem ser diferenciadas da falta de envolvimento social, do isolamento e da indiferença a pistas de comunicação faciais e de tonalidade, observados em indivíduos com autismo.

Crianças com Transtorno do Espectro do Autismo podem ter ataques de raiva devido à incapacidade de tolerar mudanças no curso de eventos. Em contraste, crianças com TDAH podem se comportar mal ou ter um ataque de raiva durante alguma transição importante devido a impulsividade ou autocontrole insatisfatório.

7. Transtorno de apego reativo

Crianças com transtorno de apego reativo podem apresentar desinibição social, mas não o conjunto completo de sintomas de TDAH, exibindo, ainda, outras características, tais como ausência de relações duradouras, que não têm relação com o TDAH.

8. Transtornos de ansiedade

O TDAH compartilha sintomas de desatenção com transtornos de ansiedade. Indivíduos com TDAH são desatentos por causa de sua atração por estímulos externos, atividades novas ou predileção por atividades agradáveis. Isso é diferente da desatenção por preocupação e ruminação encontrada nos transtornos de ansiedade. A agitação pode ser encontrada em transtornos de ansiedade. No TDAH, todavia, o sintoma não está associado à preocupação e ruminação.

9. Transtornos depressivos

Indivíduos com transtornos depressivos podem ter dificuldade em se concentrar. Entretanto, a falta de concentração nos transtornos do humor fica proeminente apenas durante um episódio depressivo.

10. Transtorno bipolar

Indivíduos com transtorno bipolar podem apresentar aumento de atividade, dificuldade de concentração e elevação da impulsividade. Essas características, entretanto, são episódicas, ocorrendo por vários dias de cada vez. No transtorno bipolar, o aumento na impulsividade ou desatenção é acompanhado por humor elevado, sentimento de grandiosidade e outras características bipolares específicas.

Crianças com TDAH podem apresentar mudanças importantes de humor no decorrer de um mesmo dia; essa labilidade é diferente de um episódio maníaco, que deve durar quatro dias ou mais para ser um indicador clínico de transtorno bipolar, mesmo em crianças.

O transtorno bipolar é raro em pré-adolescentes, mesmo quando irritabilidade grave e raiva são proeminentes, ao passo que o TDAH é comum entre crianças e adolescentes que apresentam raiva e irritabilidade excessivas.

11. Transtorno disruptivo da desregulação do humor

O transtorno disruptivo da desregulação do humor é caracterizado por irritabilidade pervasiva e intolerância à frustração, mas impulsividade e atenção desorganizada não são aspectos essenciais. A maioria das crianças e dos adolescentes com o transtorno, no entanto, tem sintomas que também preenchem critérios para TDAH, que deve ser diagnosticado separadamente.

12. Transtorno por uso de substância

Diferenciar o TDAH dos transtornos por uso de substância pode ser um problema, se a primeira apresentação dos sintomas do TDAH ocorrer após o início do abuso ou do uso frequente.

Evidências claras de TDAH antes do uso problemático de substâncias, obtidas por meio de informantes ou registros prévios, podem ser essenciais para o diagnóstico diferencial.

13. Outro transtorno de déficit de atenção/hiperatividade especificado

Em adolescentes e adultos, pode ser difícil diferenciar o TDAH dos Transtornos da Personalidade Borderline, narcisista e de outros transtornos da personalidade.

Todos estes tendem a apresentar características de desorganização, intrusão social, desregulação emocional e desregulação cognitiva.

O TDAH, porém, não é caracterizado por medo do abandono, autolesão, ambivalência extrema ou outras características de transtornos da personalidade.

Pode haver necessidade de observação prolongada, entrevista com informantes ou histórico detalhado para distinguir comportamento impulsivo, socialmente intrusivo ou inadequado de comportamento narcisista, agressivo ou dominador, para que seja feito esse diagnóstico diferencial.

14. Transtornos psicóticos

O TDAH não é diagnosticado quando os sintomas de desatenção e hiperatividade ocorrem exclusivamente durante uma crise de transtorno psicótico.

15. Sintomas de TDAH induzidos por medicamentos

Sintomas de desatenção, hiperatividade ou impulsividade atribuíveis ao uso de medicamentos (por exemplo, broncodilatadores, isoniazida, neurolépticos [resultando em acatisia], terapia de reposição para a tireoide) são diagnosticados como transtorno por uso de outra substância (ou substância desconhecida) ou transtorno relacionado a outra substância (ou substância desconhecida não especificada).

16. Transtornos neurocognitivos

Não se sabe se o transtorno neurocognitivo maior precoce (demência) e/ou transtorno neurocognitivo leve estão associados ao TDAH, embora possam apresentar-se com características clínicas semelhantes.

Essas condições são diferenciadas do TDAH por seu início tardio.

17. Comorbidade

Em ambientes clínicos, transtornos comórbidos são frequentes em indivíduos cujos sintomas preenchem critérios para o TDAH.

Na população em geral, o Transtorno de Oposição Desafiante (TOD) é comórbido, ou seja, está associado, com o TDAH em cerca de metade das crianças com a apresentação combinada e em cerca de um quarto daquelas com a apresentação predominantemente desatenta.

O Transtorno da Conduta (TC) é comórbido com TDAH em aproximadamente um quarto das crianças e dos adolescentes com a apresentação combinada, dependendo da idade e do ambiente.

A maioria das crianças e dos adolescentes com transtorno disruptivo da desregulação do humor tem sintomas que também preenchem critérios para o TDAH; uma porcentagem menor de crianças com TDAH tem sintomas que preenchem critérios para o transtorno disruptivo da desregulação do humor.

O transtorno específico da aprendizagem comumente é comórbido com o TDAH.

Os transtornos de ansiedade e transtorno depressivo maior ocorrem em uma minoria de indivíduos com TDAH, embora com maior frequência do que na população em geral.

O Transtorno Explosivo Intermitente ocorre em uma minoria de adultos com TDAH, embora com taxas acima dos níveis populacionais.

Ainda que transtornos por abuso de substância sejam relativamente mais frequentes entre adultos com TDAH, na população em geral, estão presentes em apenas uma minoria deles.

Nos adultos, o transtorno da personalidade antissocial e outros transtornos da personalidade podem ser comórbidos com TDAH.

Outros transtornos que podem ser comórbidos com o TDAH incluem o Transtorno Obsessivo-Compulsivo (TOC), os Transtornos de Tique (TT) e o Transtorno do Espectro do Autismo (TEA).

18. Outro transtorno de déficit de atenção/hiperatividade especificado 314.01 (F90.8)

Esta categoria aplica-se a casos em que sintomas característicos do transtorno, que causam sofrimento clinicamente significativo ou prejuízo no funcionamento social, profissional ou em outras áreas importantes da vida do indivíduo, predominam, mas não satisfazem todos os critérios para o TDAH ou para qualquer transtorno na classe diagnóstica dos transtornos do neurodesenvolvimento.

A categoria é usada em situações em que o clínico opta por comunicar a razão específica pela qual os sintomas apresentados não satisfazem os critérios para o TDAH ou qualquer transtorno do neurodesenvolvimento específico. Isso é feito por meio do registro "outro transtorno de déficit de atenção/hiperatividade especificado", seguido pela razão específica (por exemplo, "com sintomas insuficientes de desatenção").

19. Transtorno de déficit de atenção/hiperatividade não especificado 314.01 (F90.9)

Esta categoria aplica-se a casos em que sintomas característicos do transtorno, que causam sofrimento clinicamente significativo ou prejuízo no funcionamento social, profissional ou em outras áreas importantes da vida do indivíduo, predominam, mas não satisfazem todos os critérios para o TDAH ou para qualquer transtorno na classe diagnóstica de transtornos do neurodesenvolvimento.

A categoria transtorno de déficit de atenção/hiperatividade não especificado é usada nas situações em que o clínico opta por não especificar a razão pela qual os critérios para o TDAH ou para qualquer transtorno do neurodesenvolvimento específico não são cumpridos, além de haver apresentações que não oferecem informações suficientes para que seja feito um diagnóstico mais específico.

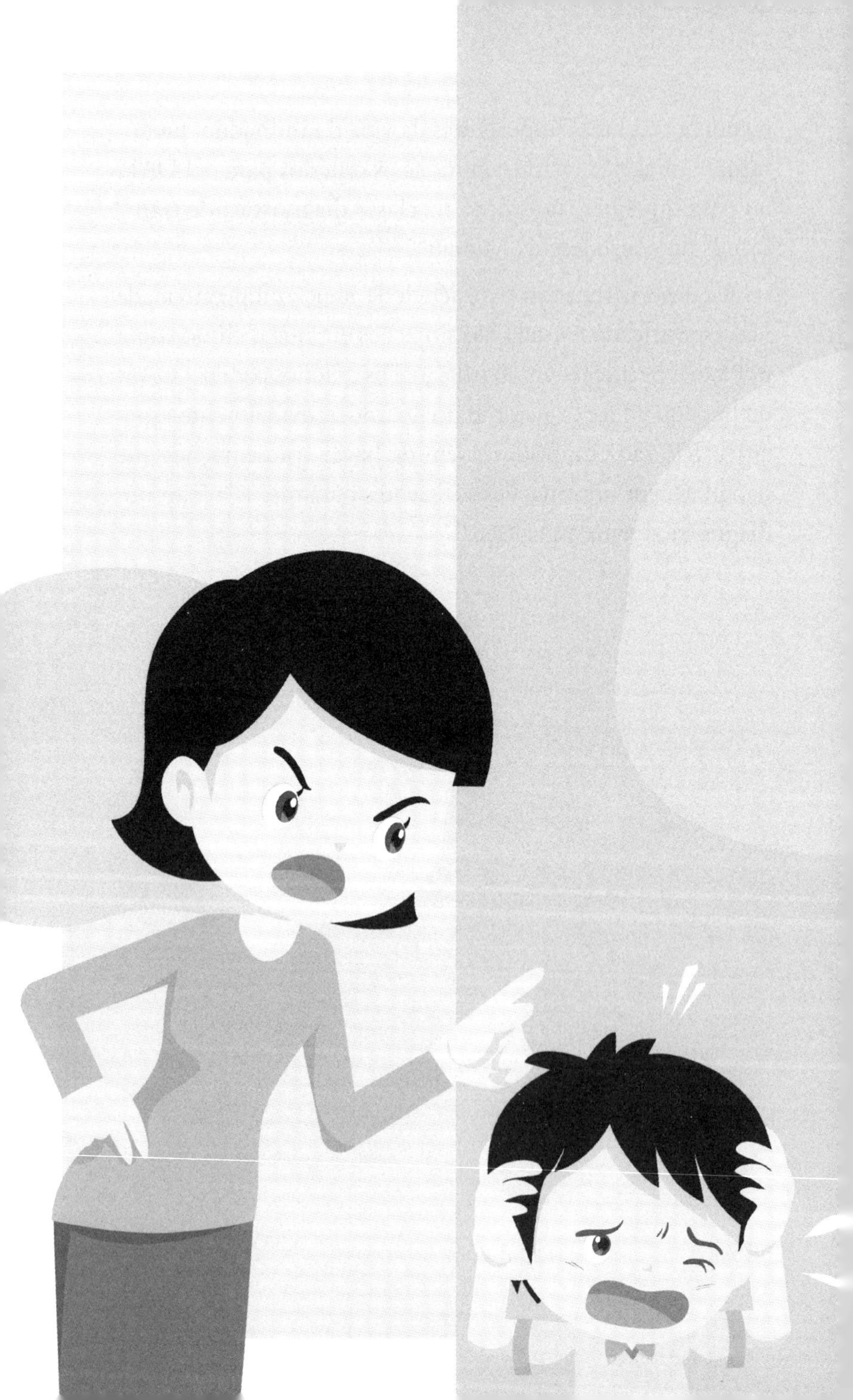

Capítulo 5

Transtorno de Oposição Desafiante (TOD)

O Transtorno de Oposição Desafiante (TOD), considerado pelo DSM-5 (APA, 2014) como um dos transtornos disruptivos, do controle de impulsos e da conduta, faz parte das comorbidades mais frequentes no TDAH.

Os transtornos disruptivos, do controle de impulsos e da conduta incluem condições que envolvem problemas de autocontrole de emoções e de comportamentos. Enquanto outros transtornos do DSM-5 também podem envolver problemas na regulação emocional e/ou comportamental, os transtornos incluídos neste capítulo são exclusivos no sentido de que esses problemas se manifestam em comportamentos que violam os direitos dos outros (por exemplo, agressão, destruição de propriedade) e/ou colocam o indivíduo em conflito significativo com normas sociais ou figuras de autoridade.

As causas subjacentes das dificuldades de autocontrole das emoções e do comportamento podem variar amplamente entre os transtornos apresentados neste capítulo e entre indivíduos pertencentes a determinada categoria diagnóstica.

Todos os transtornos disruptivos, do controle de impulsos e da conduta tendem a ser mais comuns no sexo masculino, embora o grau relativo da predominância masculina possa ser diferente entre os transtornos e em determinado transtorno em idades diferentes.

Esses transtornos em geral se iniciam na infância ou na adolescência. Na realidade, em situações muito raras, o transtorno da conduta e o de oposição desafiante surgem pela primeira vez na idade adulta.

Do ponto de vista do desenvolvimento, há uma relação entre o transtorno de oposição desafiante e o da conduta, no sentido de que a maior parte dos casos de transtorno da conduta preencheria previamente critérios para o TOD, ao menos nos casos em que o transtorno da conduta surge antes da adolescência.

No entanto, a maioria das crianças com TOD não irá desenvolver transtorno da conduta. Além disso, crianças com TOD estão em risco de desenvolver outros problemas, além do transtorno da conduta, incluindo transtornos de ansiedade e depressão.

Muitos dos sintomas que definem os transtornos disruptivos, do controle de impulsos e da conduta são comportamentos que ocorrem, em alguma medida, em indivíduos com desenvolvimento típico.

Portanto, é extremamente importante que a frequência, a persistência, a pervasividade nas situações e o prejuízo associado aos comportamentos indicativos do diagnóstico sejam considerados em relação ao que é normal para a idade, o gênero e a cultura da pessoa, antes de se determinar se são sintomáticos de um transtorno.

Os transtornos disruptivos, do controle de impulsos e da conduta foram vinculados a um espectro externalizante comum associado a dimensões de personalidade denominadas desinibição e (inversamente) retraimento e, em menor grau, afetividade negativa.

Essas dimensões compartilhadas da personalidade poderiam explicar o alto nível de comorbidade entre esses transtornos e sua frequente associação com transtornos por uso de substâncias e com transtorno da personalidade antissocial. No entanto, a natureza específica das diáteses compartilhadas que formam o espectro externalizante permanece desconhecida.

Critérios diagnósticos 313.81 (F91.3)

O Transtorno de Oposição Desafiante (TOD) é um padrão recorrente ou persistente de comportamento negativo, desafiador ou mesmo hostil, especialmente direcionado contra figuras de autoridades.

Geralmente, são os pais e responsáveis que se atentam para os comportamentos das crianças, que são bastante agressivas e impulsivas, com dificuldades de sociabilidade e que tendem a impacientar-se fácil e repetidamente, argumentar e desafiar os adultos, recusar-se a obedecer regras, culpar os outros por seus erros ou mau comportamento, aborrecer-se e zangar-se facilmente, ser rancorosas e vingativas e até mesmo ter surtos de raiva.

O diagnóstico pode ser difícil, pois a maioria das crianças apresenta alguns desses sintomas de vez em quando, principalmente quando estão cansadas, com fome ou chateadas. A diferença é que a criança com TOD apresenta esses sintomas com mais frequência e persistência do que outras, estabelecendo um padrão recorrente de comportamento negativista, desafiante e desobediente, que levam a prejuízos na vida acadêmica, social e familiar.

Um psiquiatra infantil ou especialista em saúde mental qualificado pode diagnosticar o TOD, avaliando se a criança demonstra dificuldades comportamentais por pelo menos seis meses, tem problemas na escola e dificuldade para fazer amizades. Geralmente, ele conversa com os pais e professores sobre o comportamento da criança e poderá observá-la para chegar a um diagnóstico.

Critérios de avaliação

A. *Padrão de humor raivoso/irritável, de comportamento questionador/desafiante ou de índole vingativa* – com duração de pelo menos seis meses, como evidenciado por pelo menos quatro sintomas de qualquer das categorias seguintes e exibido na interação com pelo menos um indivíduo, desde que não seja seu irmão.

- Humor raivoso/irritável:
  1. Com frequência perde a calma.
  2. Com frequência é sensível ou facilmente incomodado.
  3. Com frequência é raivoso e ressentido.
- Comportamento questionador/desafiante:
  4. Frequentemente questiona figuras de autoridade ou, no caso de crianças e adolescentes, adultos.
  5. Frequentemente desafia acintosamente ou se recusa a obedecer a regras ou pedidos de autoridades.
  6. Frequentemente incomoda deliberadamente outras pessoas.
  7. Frequentemente culpa outros por seus erros ou mau comportamento.
- Índole vingativa:
  8. Foi malvado ou vingativo pelo menos duas vezes nos últimos seis meses.

A persistência e a frequência desses comportamentos devem ser utilizadas para fazer a distinção entre um comportamento dentro dos limites normais e um comportamento sintomático.

No caso de crianças com idade abaixo de 5 anos, o comportamento deve ocorrer na maioria dos dias durante um período mínimo de seis meses, exceto se explicitado de outro modo (Critério A8).

No caso de crianças com 5 anos ou mais, o comportamento precisa ser observado pelo menos uma vez por semana durante no mínimo seis meses, exceto se explicitado de outro modo (Critério A8).

Embora tais critérios de frequência sirvam de orientação quanto a um nível mínimo de regularidade para definir os sintomas, outros fatores também devem ser considerados, como, por exemplo, se a frequência e a intensidade dos comportamentos estão fora de uma faixa normativa para o nível de desenvolvimento, o gênero e a cultura do indivíduo.

B. *A perturbação no comportamento está associada a sofrimento para o indivíduo ou para os outros*, em seu contexto social imediato (por exemplo, família, grupo de pares, colegas de trabalho), ou causa impactos negativos no funcionamento social, educacional, profissional ou em outras áreas importantes da vida do indivíduo.

C. *Os comportamentos não ocorrem exclusivamente durante uma crise de transtorno psicótico, por uso de substância, depressivo ou bipolar.* Além disso, os critérios para transtorno disruptivo da desregulação do humor não são preenchidos.

Nível de gravidade

- *Leve*: os sintomas limitam-se a apenas um ambiente (por exemplo, em casa, na escola, no trabalho, com os colegas).
- *Moderada*: alguns sintomas estão presentes em pelo menos dois ambientes diferentes.
- *Grave*: alguns sintomas estão presentes em três ou mais ambientes.

Especificadores

Não é raro indivíduos com TOD apresentarem sintomas somente em casa e apenas com membros da família. No entanto, a difusão dos sintomas é um indicador da gravidade do transtorno.

Características diagnósticas

A característica essencial do TOD é um padrão frequente e persistente de humor raivoso/irritável, de comportamento questionador/desafiante ou de índole vingativa (Critério A).

Não é raro indivíduos com TOD apresentarem características comportamentais do transtorno na ausência de problemas de humor negativo. Entretanto, as pessoas com tal transtorno, que apresentam sintomas de humor raivoso/irritável, costumam também manifestar características comportamentais.

Os sintomas do TOD podem se limitar a apenas um ambiente, mais frequentemente em casa.

Os indivíduos que apresentam sintomas suficientes para atingir o limiar diagnóstico, mesmo que isso ocorra somente em casa, podem ter prejuízos significativos em seu funcionamento social. Todavia, nos casos mais graves, os sintomas do transtorno estão presentes em múltiplos ambientes.

Levando-se em conta que a difusão dos sintomas é um indicador da gravidade do transtorno, é extremamente importante avaliar o comportamento do indivíduo em vários ambientes e relacionamentos.

Como determinados comportamentos são comuns entre irmãos, é preciso observar como isso se dá na interação com outras pessoas. Além disso, considerando que, em geral, os sintomas do transtorno são mais evidentes nas interações com adultos ou pares que o indivíduo conhece bem, eles podem não ficar tão evidentes no exame clínico.

Os sintomas do TOD podem ocorrer em alguma medida sem esse transtorno.

Há várias considerações importantes para determinar se os comportamentos são sintomáticos do TOD. Em primeiro lugar, deve-se atingir o limiar diagnóstico de quatro sintomas ou mais durante os seis meses precedentes. Em segundo lugar, a persistência e a frequência dos sintomas deverão exceder os níveis considerados normais para a idade, o gênero e a cultura da pessoa. Por exemplo, não é incomum que crianças pré-escolares apresentem ataques de raiva semanalmente.

Explosões de raiva na criança pré-escolar podem ser consideradas sintomas do TOD somente se tiverem ocorrido na maioria dos dias nos seis meses precedentes. É também necessário que pelo menos três outros sintomas do transtorno se façam presentes. Além disso, as explosões de raiva precisam ter contribuído para um prejuízo significativo associado ao transtorno (por exemplo, causar a destruição de propriedade, resultar na expulsão da criança da pré-escola).

Com frequência, os sintomas do transtorno fazem parte de um padrão de interações problemáticas com outras pessoas. Além disso, geralmente indivíduos com esse transtorno não se consideram raivosos, opositores ou desafiadores. Em vez disso, costumam justificar seu comportamento como uma resposta a exigências ou circunstâncias despropositadas.

Consequentemente, pode ser difícil estabelecer a contribuição relativa do indivíduo com o transtorno para as interações problemáticas que ele vivencia. Por exemplo, crianças com TOD podem ter vivenciado uma história de cuidados parentais hostis, e, com frequência, é impossível determinar se seu comportamento fez os pais agirem de uma maneira mais hostil em relação a elas, se a hostilidade dos pais levou ao comportamento problemático ou se houve uma combinação de ambas as situações.

A possibilidade de o clínico separar as contribuições relativas dos potenciais fatores causais não deve influenciar no estabelecimento ou não do diagnóstico.

Nas situações em que a criança estiver vivendo em condições particularmente precárias, em que poderão ocorrer negligência ou maus-tratos (por exemplo, em instituições), a atenção clínica para diminuir a influência do ambiente pode ser útil.

Características associadas que apoiam o diagnóstico

Em crianças e adolescentes, o TOD é mais prevalente em ambientes ou famílias nas quais o cuidado da criança é compartilhado por uma sucessão de cuidadores diferentes ou nas quais são comuns práticas agressivas, inconsistentes ou negligentes de criação dos filhos.

Duas das condições que mais costumam ocorrer de forma concomitante com o TOD são o TDAH e o transtorno da conduta (ver a seção "Comorbidade").

O TOD foi associado a um risco aumentado para tentativas de suicídio, mesmo com o controle de transtornos comórbidos.

Prevalência

A prevalência do TOD varia de 1 a 11%, com uma média estimada de 3,3%. A taxa do transtorno pode variar de acordo com a idade e o gênero.

Aparentemente, é mais prevalente em indivíduos do sexo masculino do que em indivíduos do sexo feminino (1,4:1), antes da adolescência.

Essa predominância do sexo masculino não é encontrada de forma consistente em amostras de adolescentes ou de adultos.

Desenvolvimento e curso

Geralmente, os primeiros sintomas do TOD surgem durante os anos de pré-escola e, raramente, mais tarde, após o início da adolescência.

Com frequência, esse transtorno precede o desenvolvimento do transtorno da conduta, sobretudo em indivíduos com transtorno da conduta com início na infância. No entanto, muitas crianças e adolescentes com TOD não desenvolvem subsequentemente o transtorno da conduta.

O TOD também confere risco para o desenvolvimento de transtornos de ansiedade e transtorno depressivo maior, mesmo na ausência do transtorno da conduta.

Os sintomas desafiantes, questionadores e vingativos respondem pela maior parte do risco para transtorno da conduta, enquanto os sintomas de humor raivoso/irritável estão mais relacionados ao risco para transtornos emocionais.

As manifestações do transtorno parecem ser consistentes ao longo do desenvolvimento.

Crianças e adolescentes com TOD estão sob risco aumentado para uma série de problemas de adaptação na idade adulta, incluindo *comportamento antissocial, problemas de controle de impulsos, abuso de substâncias, ansiedade e depressão.*

A frequência de muitos dos comportamentos associados a esse transtorno aumenta no período pré-escolar e na adolescência. Portanto, durante esses períodos de desenvolvimento, é especialmente importante que a frequência e a intensidade desses comportamentos sejam avaliadas em relação aos níveis considerados normais, antes de decidir que se trata de sintomas do TOD.

Fatores de risco e prognóstico

- *Temperamentais*: fatores temperamentais relacionados a problemas de regulação emocional (por exemplo, níveis elevados de reatividade emocional, baixa tolerância a frustrações) são preditivos do transtorno.
- *Ambientais*: práticas agressivas, inconsistentes ou negligentes de criação dos filhos são comuns em famílias de crianças e adolescentes com TOD, e essas práticas parentais desempenham papel importante em muitas teorias causais do transtorno.
- *Genéticos e fisiológicos*: uma série de marcadores neurobiológicos (por exemplo, menor reatividade da frequência cardíaca e da condutância da pele; reatividade do cortisol basal reduzida; anormalidades no córtex pré-frontal e na amígdala) foi associada ao TOD.

Entretanto, a vasta maioria dos estudos não separou crianças com TOD daquelas com transtorno da conduta. Desse modo, não está claro se existem marcadores específicos para o TOD.

Questões diagnósticas relativas à cultura

A prevalência desse transtorno em crianças e adolescentes é relativamente consistente entre países que diferem em raça e etnia.

Questões funcionais

Quando o TOD é persistente ao longo do desenvolvimento, os indivíduos com o transtorno vivenciam conflitos frequentes com pais, professores, supervisores, pares e parceiros românticos.

Com frequência, tais problemas resultam em prejuízos significativos no ajustamento emocional, social, acadêmico e profissional da pessoa.

Diagnóstico diferencial

Transtorno da conduta: tanto o transtorno da conduta quanto o TOD estão relacionados a problemas de conduta que colocam o indivíduo em conflito com adultos e figuras de autoridade (por exemplo, professores, supervisores do trabalho).

Geralmente, os comportamentos do TOD são de natureza menos grave do que aqueles relacionados ao transtorno da conduta e não incluem agressão a pessoas ou animais, destruição de propriedade ou um padrão de roubo ou de falsidade.

Além disso, o TOD inclui problemas de desregulação emocional (isto é, humor raivoso e irritável) que não estão inclusos na definição de transtorno da conduta.

Transtorno de Déficit de Atenção com Hiperatividade (TDAH): com frequência, o TDAH é comórbido com o TOD em um percentual significativo.

Para fazer um diagnóstico adicional de TOD, é importante determinar que a falha do indivíduo em obedecer às solicitações de outros não ocorre somente em situações que demandam esforço e atenção sustentados ou que exigem que ele permaneça quieto.

Transtornos depressivo e bipolar: com frequência, os transtornos depressivo e bipolar envolvem irritabilidade e afeto negativo. Como resultado, um diagnóstico de TOD não deverá ser feito, se os sintomas ocorrerem exclusivamente durante uma crise de transtorno do humor.

Transtorno disruptivo da desregulação do humor: o TOD compartilha, com o transtorno disruptivo da desregulação do humor, os sintomas de humor negativo crônico e explosões de raiva. Entretanto, a gravidade, a frequência e a cronicidade das explosões de raiva são mais graves em indivíduos com transtorno disruptivo da desregulação do humor.

Consequentemente, apenas uma minoria de crianças e de adolescentes cujos sintomas preenchem os critérios de transtorno de oposição desafiante seria também diagnosticada com o transtorno disruptivo da desregulação do humor.

Nos casos em que a perturbação do humor for suficientemente grave para preencher os critérios de transtorno disruptivo da desregulação do humor, um diagnóstico de transtorno de oposição desafiante não é feito, mesmo que todos os critérios para essa condição tenham sido preenchidos.

Transtorno explosivo intermitente: esse transtorno também envolve altos níveis de raiva. No entanto, indivíduos com essa condição apresentam agressão grave dirigida a outros, o que não faz parte da definição de TOD.

Deficiência intelectual (transtorno do desenvolvimento intelectual): em indivíduos com deficiência intelectual, um diagnóstico de TOD é feito somente se o comportamento opositor for acentuadamente maior do que aquele que em geral se observa entre indivíduos com idade mental semelhante e com gravidade comparável de deficiência intelectual.

Transtorno da linguagem: o TOD deve também ser diferenciado da incapacidade para seguir orientações resultantes de uma alteração na compreensão da linguagem (por exemplo, perda auditiva).

Transtorno de ansiedade social (fobia social): o TOD também deve ser diferenciado da recusa decorrente do medo de uma avaliação negativa associada com o transtorno de ansiedade social.

Comorbidade

As taxas do TOD são muito mais altas em amostras de crianças, adolescentes e adultos com TDAH, e isso pode ser o resultado de fatores de risco temperamentais compartilhados.

Além disso, o TOD com frequência precede o transtorno da conduta, embora isso pareça ser mais comum em crianças com o subtipo com início na infância.

Indivíduos com TOD também têm risco aumentado de transtornos de ansiedade e transtorno depressivo maior, e isso parece ser, em grande medida, atribuível à presença de sintomas de humor raivoso/irritável.

Adolescentes e adultos com esse transtorno também apresentam taxas mais altas de transtornos por uso de substâncias, embora não esteja claro se essa associação é independente da comorbidade com transtorno da conduta.

A partir da descrição detalhada acerca dessa condição diagnóstica, fica evidente a importância de também reconhecermos o TOD como um dos principais transtornos escolares e comportamentais da atualidade, mas principalmente como uma comorbidade muito recorrente em quadros de TDAH, chegando a 65% o índice de associação segundo algumas pesquisas.

Essa junção de *TDAH* e *TOD* acentua de forma significativa os prejuízos globais para o indivíduo com TDAH e ampliam-se os desafios das equipes de intervenção multidisciplinar, bem como dos familiares e educadores.

Para isso, faz-se necessário mais uma vez destacar a importância da *detecção prévia*, *do encaminhamento* e *da estimulação precoce*. Nesse processo, destaca-se a escola como parceria fundamental.

Uma vez que estamos buscando entender como se comporta a pessoa com TDAH e como podemos criar estratégias que a auxiliem, também se faz necessário compreendermos esses possíveis quadros associados ao transtorno e suas implicações nos quadros principais.

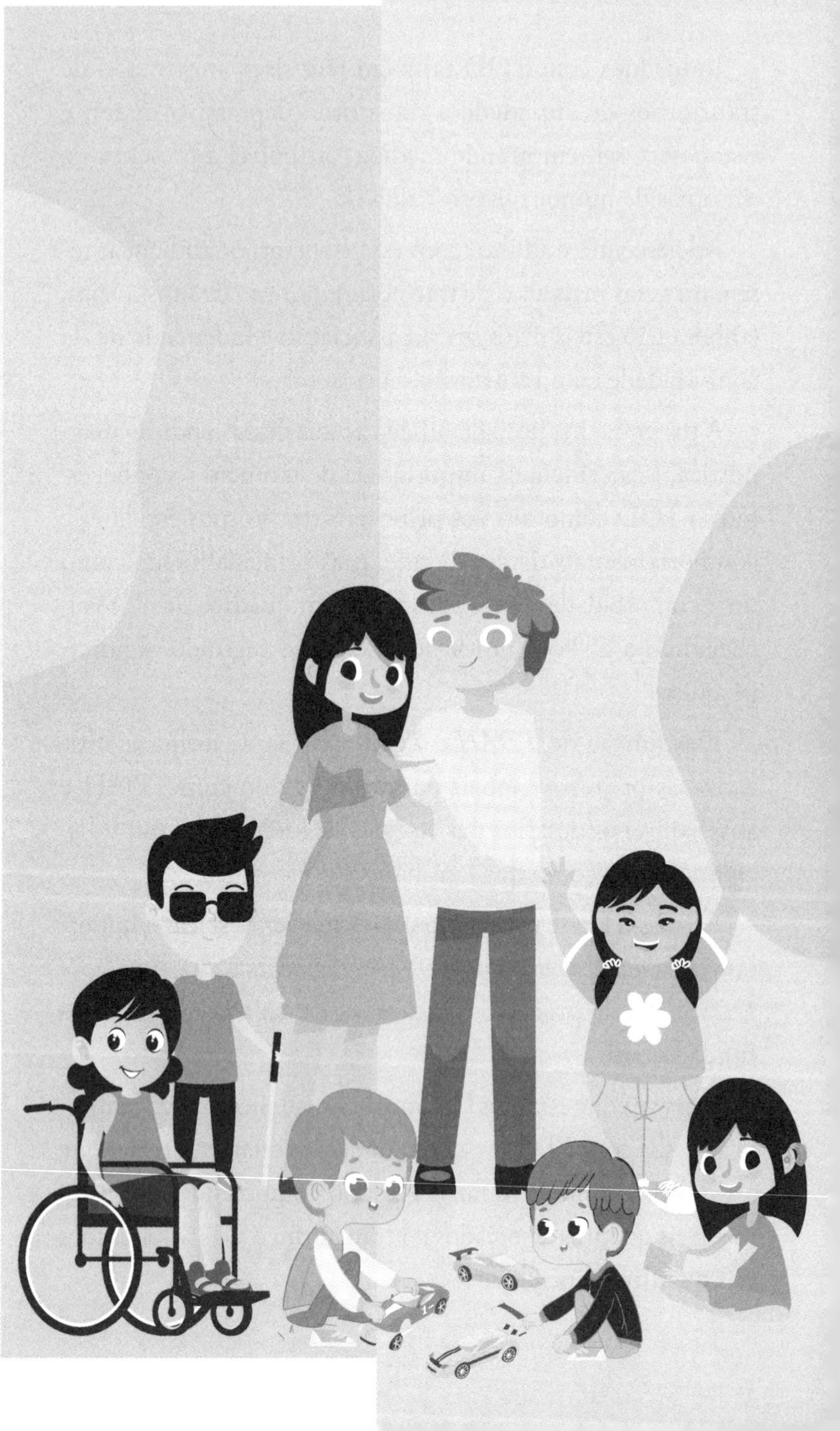

Capítulo 6

O TDAH nas diferentes etapas do desenvolvimento

Como vimos, o TDAH é caracterizado por sintomas de desatenção, hiperatividade e impulsividade, de acordo com o Manual Diagnóstico e Estatístico de Doenças Mentais (DSM-5) (APA, 2014).

Os critérios utilizados são semelhantes aos da Organização Mundial de Saúde (OMS). Portanto, o TDAH é um transtorno do neurodesenvolvimento, de grande importância na saúde pública, considerando os problemas causados seja na infância e adolescência e na escola, seja na idade adulta e no trabalho, ou em ambas, nos relacionamentos com os demais.

O desconhecimento desse quadro frequentemente acaba levando a uma grande demora em fazer o diagnóstico e, consequentemente, a atrasos em dar início ao tratamento, o que leva os pacientes a sofrerem por vários anos, sem saber que a sua situação pode ser tratada e melhorada, trazendo-lhes mais funcionalidade e qualidade de vida ao longo dos anos.

Ante o crescimento de informações acerca dessa condição diagnóstica, atualmente muitos adultos têm buscado por consultas médicas na tentativa de melhor se conhecerem a partir de seus autorrelatos. Por conta disso, tem crescido o número de diagnósticos tardios, o que torna difícil o tratamento e a melhora.

Sabe-se que a prevalência do TDAH em crianças é maior do que em adultos, porém é importante destacar que os estudos de prevalência em adultos são mais raros e embasados nas estimativas da proporção de casos registrados na infância, os quais, por sua vez, persistem até a idade adulta. Ou seja, as pesquisas baseiam-se em relatos de infância que prevaleceram ou em pequenas amostras de adultos com TDAH.

Alguns estudos comprovam que parece haver uma subidentificação do gênero feminino na proporção entre meninos e meninas diagnosticados com TDAH na infância, variando de 2:1 até 9:1 (BIEDERMAN apud LOUZÁ NETO, 2010).

Uma das explicações seria a de que meninas com TDAH têm menos possibilidade de apresentar comportamentos disruptivos e transtornos de aprendizagem do que os meninos – consideradas as principais causas de encaminhamento para diagnóstico por professores e pais. Ou seja, essa diferença depende das manifestações de transtornos comportamentais que chamam a atenção e/ou das alterações na aprendizagem que prejudiquem de forma acentuada o desempenho escolar.

Contudo, essa desigualdade não é encontrada em adultos por se usar, como critério diagnóstico, mais o autorrelato do que os encaminhamentos. O autorrelato seria mais comum aos adultos de ambos os sexos, resultando em uma distribuição mais equilibrada (LOUZÁ NETO, 2010).

Uma consideração importante, relativa à ausência de diferença entre homens e mulheres adultos com TDAH, é que o funcionamento social, cognitivo e escolar também não apresenta diferenças entre os gêneros. As implicações desses resultados englobam fatores clínicos importantes. Portanto, segundo Louzã Neto (2010):

- Queixas de pessoas com TDAH, homens e mulheres, devem ser criteriosamente avaliadas e consideradas pelo clínico, com respeito e análise atenta dos sintomas, principalmente nos aspectos funcionais (relacionados às funções executivas).
- As mulheres que se queixam de desatenção ou de hiperatividade/impulsividade precisam ser analisadas de forma cuidadosa em relação à apresentação de sintomas, do mesmo modo que os homens.

Estudos indicam que tanto crianças quanto adultos partilham de características clínicas semelhantes, com as mesmas alterações cerebrais observadas ao longo do desenvolvimento, envolvendo principalmente o lobo frontal, com destaque para o córtex pré-frontal, visto ser essa área a principal responsável por atividades e funções importantes, como, por exemplo, as funções executivas.

As queixas mais frequentes em adolescentes e adultos com TDAH são de ordem cognitiva, tais como:

- dificuldades para tomar a iniciativa em atividades diversas;

- dificuldade no planejamento, no estabelecimento de metas e de prioridades;
- falta de organização no trabalho;
- tendência à procrastinação;
- falha no monitoramento do tempo, prazos e finanças;
- lentidão e inconsistência no desempenho;
- declínio rápido da motivação ante as atividades;
- constante interrupção de tarefas;
- baixa tolerância à frustração;
- dificuldades de memória.

Vale lembrar que função executiva é o conjunto de capacidades que habilitam o ser humano a se engajar de forma independente e autônoma em toda e qualquer atividade dirigida a metas. Essas demandas nos são cobradas diariamente e por toda a nossa vida.

À medida que essas funções vão se desenvolvendo no período da infância, possibilitam gradativamente a adequação do comportamento e habilitam a criança a iniciar, continuar e concluir tarefas de acordo com as demandas da vida diária. O indivíduo aprende aos poucos a identificar fatores imprevistos e sua respectiva importância, além de solucionar problemas por meio de respostas alternativas, o que reflete a capacidade de adaptação proporcionada pelas funções executivas (SABOYA et al., 2007).

Portanto, embora o TDAH seja considerado um transtorno do neurodesenvolvimento, um transtorno neurobiológico ou um transtorno de funcionamento cerebral, que tem início por volta dos 4 a 7 anos, nos adultos a avaliação é feita com base em seu histórico de vida (autorrelato).

Algumas características psicopatológicas do TDAH merecem destaque especial, visto se modificarem em diferentes fases da vida e de acordo com os suportes ofertados.

Em crianças e adolescentes, as manifestações variam muito conforme a idade, mas frequentemente crianças com TDAH querem ser o centro das atenções.

As crianças menores perturbam ou tendem a fazer atividades proibidas repetidamente, enquanto as mais velhas tendem a monopolizar conversas. Essa demanda por atenção pode ser estressante para pais, professores e amigos. Vejamos algumas características gerais (LOUZÁ NETO, 2010):

- são mais falantes;
- são agressivas e raivosas;
- são desafiadoras e impulsivas;
- são menos cooperativas, demandando mais assistência, e também mais dependentes das mães (estudos mostram que mães de crianças com TDAH fornecem mais instruções);
- apresentam dificuldades nos relacionamentos interpessoais – interpretam as ações dos outros como hostis;
- dificuldades de empatia;
- menos estabilidade e mais conflitos com os colegas;
- são menos capazes de cooperar;
- dificuldades em dividir, fazer e manter tarefas e atividades;
- propensão a compreender os eventos que ocorrem com elas como fora do seu controle pessoal;

- tendência a culpar os outros e a se colocar como vítimas;
- menos capazes de perceber que seu comportamento incomoda os outros – apesar da rejeição social;
- pode haver prejuízos na percepção das atitudes e dos sentimentos em relação aos outros.

Outro fator que chama a atenção é a tendência que as crianças com TDAH têm de atribuir o seu sucesso a fatores internos (esforço, habilidade) e o fracasso a fatores externos, superestimando suas habilidades, com uma percepção grandiosa do próprio potencial.

Apesar dessas características de superestimação das habilidades, elas apresentam um rendimento escolar irregular, pois as atividades que requerem esforço mental produtivo não são bem toleradas, então, se não conseguem sucesso imediato, tendem a abandonar a tarefa ou a procrastinar.

Quanto à dificuldade de relacionamento interpessoal, Barkley (apud LOUZÁ NETO, 2010) propõe que essa seria uma característica secundária a um déficit no controle inibitório do comportamento, uma vez que dele depende o lapso de tempo necessário para que as funções executivas sejam processadas de modo harmonioso. Essa falha provocaria um comportamento imaturo e uma conduta social egocêntrica.

Adultos com TDAH afirmam frequentemente sentirem-se uma "fraude", por nunca conseguirem aprofundar-se em nada, seja pela imprecisão da sua autoimagem, seja pelas contradições em suas ações, favorecendo contato superficial com os assuntos de seu interesse.

A autoestima dessas pessoas é vulnerável e muito dependente do olhar do outro, com frequentes oscilações de humor. Enfrentam dificuldades em planejar o futuro e uma tendência a buscar por atividades rápidas e que provoquem satisfações imediatas.

Características referentes a habilidades sociais, segundo Barkley (apud LOUZÁ NETO, 2010):

- dificuldade para fazer e manter amizades ou relacionamentos íntimos;
- menor número de amigos;
- problemas conjugais significativos;
- comentários impulsivos direcionados a outros;
- facilidade de frustrar-se ou de enraivecer-se;
- abuso verbal em momentos de raiva;
- imagem de autocentradas e imaturas;
- falha frequente em relação a ver as necessidades dos outros como importantes;
- pouca habilidade para ouvir.

No tocante a questões de relacionamento conjugal, apresentam:

- grande incidência de separação e divórcios;
- parceiros ressentidos;
- distribuição desigual das responsabilidades;
- ausência de suporte emocional;
- falta de sensibilidade, teimosia e incapacidade para ouvir o outro;
- ausência de consideração pelos sentimentos alheios.

Questões similares se repetem no campo profissional (relações ocupacionais), principalmente quanto a comportamentos e atitudes:
- dificuldades no controle da raiva;
- constantes mudanças de emprego, com tendência a buscar empregos livres e sem muitas regras;
- dificuldades de relacionamento interpessoal, principalmente com figuras de autoridade;
- busca por trabalhos autônomos para evitar situações de hierarquia e regras fechadas;
- interrupção dos outros e interferência em assuntos alheios;
- avaliação temporal prejudicada – dificuldades para lidar com prazos, regras e horários;
- comportamentos que sugerem uma percepção da realidade orientada para o *self*.

Vários dos sintomas descritos no TDAH em adultos devem ser mais bem observados para haver um correto diagnóstico e o tratamento adequado, respeitando-se a insistência e a prevalência de características, como: *intolerância, impaciência, irritabilidade, tendência a devaneios, tédio, insatisfação, sensação de alienação, depressão, sentimentos de inadequação, busca por novidade, ausência de empatia, procrastinação, desatenção, melhor desempenho em situações de desafio, tendência à idealização (passionalidade) e à projeção (culpar os outros).*

Dessa forma, Mattos et al. (2006) conclui, observando que os sintomas na vida adulta têm sua expressão no âmbito das atividades próprias dessa faixa etária; assim, a hiperatividade observada em crianças pode corresponder a um excesso de atividades e/ou trabalho em adultos.

Do mesmo modo, a impulsividade pode se expressar em impulsividade nos relacionamentos (intempestividade para iniciar ou terminar) ou na condução imprudente de veículos (maior facilidade para acidentes), havendo uma "correspondência" entre os sintomas infantojuvenis, tais como são enunciados em escalas de avaliação como DSM-4 e DSM-5, e aqueles da vida adulta.

A desatenção em adultos pode ser evidenciada em situações dialógicas, em tarefas que exigem organização e sustentação da atenção ao longo do tempo e nas dificuldades com a memória.

Do mesmo modo que ocorre com crianças e adolescentes, adultos com TDAH têm uma capacidade inconsistente de se concentrar, mas são capazes de fazê-lo em circunstâncias específicas, como, por exemplo, quando envolvidos em tarefas que lhes são particularmente estimulantes.

Sua dificuldade torna-se mais evidente naquelas situações em que se encontram entediados ou distraídos por estímulos internos (emoções) ou externos, em níveis significativamente maiores dos que os observados na população em geral, comprometendo o desempenho na execução e a conclusão das tarefas.

Córtex Pré-Frontal

Capítulo 7

TDAH e as funções executivas

Acredita-se que os lobos frontais, em especial a área pré-frontal, estejam prejudicados em muitos dos quadros considerados transtornos do neurodesenvolvimento. Essa área, especialmente, é responsável pelas *funções executivas*, que compreendem nossa capacidade de iniciar, manter, inibir e desviar a atenção, gerenciar as informações recebidas, integrar a experiência atual com a passada, monitorar o comportamento presente, inibir respostas inadequadas, organizar e planejar a obtenção de metas futuras.

Assim, é possível compreender muitas das manifestações de TDAH como resultado de uma deficiência do desenvolvimento do processo inibitório normal controlado pelo lobo frontal, o que justificaria várias das dificuldades descritas anteriormente para essa condição médica.

Exames de neuroimagem ligados à pesquisa sugerem que as pessoas com esse transtorno sofrem de uma hipoatividade do lobo frontal direito do cérebro, durante atividades que exigem atenção concentrada, resultado de um metabolismo deficiente dos neurotransmissores, principalmente de dopamina e noradrenalina. Isso provoca a falta de controle sobre as funções exercidas pelo lobo frontal direito (LIMA, 2015).

Normalmente, em atividades como estudo, leitura ou outras que exijam concentração e esforço mental produtivo, o cérebro aumenta os níveis de ativação, justamente para dar conta das exigências.

Nos casos típicos de TDAH, a característica psicofisiológica mais comum é a hipofunção/hipoativação do córtex pré-frontal, na qual uma quantidade significativa de neurônios pulsa mais devagar que o esperado, especialmente quando as circunstâncias exigem maior esforço mental e, portanto, maior ativação desses neurônios (IPDA, 2014).

Com o advento de uma ainda mais avançada tecnologia de ressonância magnética funcional, os pesquisadores podem agora avaliar a atividade funcional em várias regiões do cérebro, enquanto fazem a administração de testes psicológicos para os assuntos que estão sendo digitalizados.

Inúmeros estudos revelam que pacientes com TDAH apresentam alterações específicas em uma função cognitiva chamada função executiva (FE).

Essa é a função mental que coordena a memória imediata, a memória imediata verbal, a autorregulação dos afetos, e que permite a reconstituição e análise do próprio comportamento: "Alterações nesta função podem acarretar em um menor controle dos impulsos, em dificuldades de reter informações, apresentando respostas verbais inadequadas e problemas no controle motor a estímulos" (ROTTA, 2016).

As funções executivas podem ser divididas em quatro subconjuntos (BARKLEY, 2008):

- *Volição* – capacidade de estabelecer objetivos. Para essa formulação intencional, é necessária a motivação e consciência de si e do ambiente.
- *Planejamento* – capacidade de organizar e prever ações para atingir um objetivo. A habilidade de planejar requer capacidade para tomar decisões, desenvolver estratégias, estabelecer prioridades e controlar impulsos.
- *Ação intencional* – efetivação de um objetivo e planejamento, gerando uma ação produtiva. Para isso, é necessário que se inicie, mantenha, modifique ou interrompa um conjunto complexo de ações e atitudes, de forma integrada e organizada.
- *Desempenho efetivo* – capacidade de automonitorar, autodirigir e autorregular a intensidade, o ritmo e outros aspectos qualitativos do comportamento e da ação, ou seja, é um controle.

Entendendo a importância da FE no desenvolvimento das diferentes faixas etárias ao longo da vida, é possível verificar as suas características e sua expressão em nossas atividades diárias. Ou seja, a realização de tarefas diárias e o convívio social adequado requerem a perfeita integridade das funções executivas.

O desenvolvimento dessas funções durante a infância proporciona gradualmente a adequação e o melhor desempenho da criança para iniciar, persistir e completar tarefas importantes. A identificação de fatores imprevistos e de sua importância, assim como a elaboração de respostas alternativas diante desses problemas, reflete a capacidade adaptativa do indivíduo proporcionada pelas funções executivas (ROTTA, 2016).

Dessa forma, as consequências das alterações na FE, quando esta está vinculada ao TDAH, podem resultar em dificuldades significativas desde a infância até a vida adulta:

1. *Organização, hierarquização e ativação da informação*: o sujeito requer pressão para começar e para cumprir uma tarefa a tempo (desorganização e procrastinação estarão sempre presentes como características marcantes desse quadro); tem ainda dificuldade para estabelecer prioridades na execução da atividade; muda de foco e troca de tarefas continuamente, ou seja, tem necessidade de variação para motivar-se.

2. *Focalização e sustentação da atenção*: a pessoa apresenta distração fácil por estímulos internos e externos, com severas dificuldades para filtrar estímulos irrelevantes ao momento; perde o foco quando lê; necessita de lembretes para manter em dia sua tarefa habitual; revela inconstância e abandono precoce naquilo que se envolve rotineiramente.

3. *Alerta e velocidade de processamento*: o sujeito tem excessiva sonolência, falta de motivação e cansaço constante; esgotamento fácil do esforço (principalmente esforço mental produtivo); pouca velocidade de processamento.

4. *Manejo da frustração e modulação do afeto*: o paciente apresenta baixa tolerância à frustração e baixa autoestima; hipersensibilidade a críticas; irritabilidade (humor instável); preocupações excessivas e perfeccionismo.

5. *Utilização e evocação da memória de trabalho*: o indivíduo se esquece de responsabilidades e objetivos pessoais; tem dificuldade nos seguintes aspectos: conservação (a informação não é incorporada às demais já apreendidas), seguimento de sequências, manutenção de dois ou mais elementos simultaneamente (atenção dividida) e para trazer do arquivo a informação armazenada (evocação).

Lopes et al. (2005) faz um resumo das funções executivas, dizendo que são processos de controle que envolvem a capacidade inibitória e o controle do tempo de resposta, permitindo que o indivíduo inicie, mantenha, detenha e troque seus processos mentais, de forma a estabelecer prioridades, organizar-se e pôr em prática uma estratégia.

O estudo do déficit das funções cognitivas promove um ponto de unificação e de compreensão diante das inúmeras variáveis envolvidas no diagnóstico do TDAH, sendo atualmente visto pelos estudiosos como um déficit de controle inibitório, mais que como um simples problema de atenção.

Em que circunstâncias as características até aqui descritas – como desobediência, agitação, falta de atenção, distração, impaciência, irritabilidade, baixa capacidade de lidar com o "não" ou frustrações, falar sem pensar ou viver perdendo as coisas – podem indicar a presença de um transtorno?

Isso se verifica quando há evidências de que esses comportamentos trazem sofrimento e prejuízos funcionais suficientemente severos para que seja necessária intervenção. Ou seja, quando eles são tão frequentes e/ou tão intensos que atrapalham o sujeito no relacionamento com outras pessoas, causam sofrimento ou extremo desgaste à dinâmica familiar, provocam problemas na escola ou no ambiente de trabalho.

Apesar de serem sintomas de TDAH, podem ocorrer em consequência de outras condições médicas ou doenças e, por isso, se estiverem causando prejuízo, um especialista da área de saúde precisa ser consultado para que possa identificar a natureza desses sintomas ou para caracterizá-los como uma condição diagnóstica específica.

Vale destacar que as funções executivas, esse conjunto de situações que nos tornam humanos, por assim dizer, que nos dão a capacidade de adaptabilidade social e que nos direcionam para comportamentos específicos, têm sido uma das pautas mais estudadas na atualidade, não só para entender o TDAH, mas para compreender diversos outros quadros diagnósticos que se apresentam com prejuízos nessas funções tão importantes (FITÓ, 2012).

Para melhor compreender esse conjunto de funções primordiais ao aprendizado humano, vale ampliar um pouco mais esse assunto.

Portanto, as funções executivas são um conjunto de processos cerebrais responsáveis pelo controle, monitoramento e regulação das nossas ações, pensamentos e emoções. Com essas funções, podemos realizar funcionalmente diversas atividades e ações no nosso dia a dia, como:

- disciplinar o nosso comportamento para que assim possamos atingir metas estabelecidas;
- flexibilizar nossa forma de pensar;

- controlar os nossos impulsos, adequando as nossas ações às regras sociais estabelecidas;
- tomar decisões baseadas nos objetivos pretendidos, ponderando suas consequências;
- realizar planos e solucionar problemas;
- fazer um automonitoramento, de forma a verificar a eficácia do que se está fazendo.

Vejamos o que alterações específicas das funções executivas podem causar:

- extrema desorganização e comprometimento na habilidade de planejamento, ou seja, o indivíduo não consegue terminar a atividade iniciada, pois apresenta extrema dificuldade de sequencializar etapas para atingir um objetivo;
- prejuízo na tomada de decisão, ocasionando extrema dificuldade para prever as consequências das decisões tomadas;
- desinibição comportamental ou falta de controle inibitório, causando inadequação social;
- flutuação atencional, pois o foco de atenção se torna lábil e o sujeito perde com facilidade a meta/objetivo do que estava executando;
- dificuldade em flexibilizar o pensamento, refletindo-se em muita rigidez, expressa na dificuldade de pensar em soluções e estratégias alternativas para solucionar um problema;
- comprometimento na habilidade de solucionar problemas;
- exposição a comportamentos de riscos, como propensão ao uso de drogas, desrespeito a autoridades e hierarquias etc.

- falta de iniciativa para realização funcional de tarefas no dia a dia;
- desregulação emocional, com possível presença de humor lábil e oscilante, irritabilidade, agressividade.

Muitas dessas alterações específicas das funções executivas podem ser percebidas em diversos quadros diagnósticos, especialmente nos quadros considerados transtornos do neurodesenvolvimento – DSM-5 (APA, 2014) – ou distúrbios do desenvolvimento neurológico – CID-11.

O comportamento humano muda ao longo da vida, e parte desse comportamento é explicado pelo desenvolvimento cerebral, pois a maturação cerebral apresenta relação direta com o desenvolvimento de habilidades sociais e comportamentais.

Uma das regiões do cérebro que estão intimamente relacionadas às emoções e às habilidades sociais é o lobo frontal/área pré-frontal. O crescimento de massa cerebral cinzenta tem importante função nesse contexto.

Durante os anos iniciais, o desenvolvimento de massa cinzenta cerebral é pequeno na região frontal, mas ele aumenta ao longo dos anos. No lobo frontal, esse desenvolvimento se dá "de trás para a frente", sendo o córtex pré-frontal um dos últimos a se desenvolver. Logo, só estamos verdadeiramente amadurecidos para essas funções por volta dos 18-21 anos de idade.

Essa é a região cerebral relacionada a importantes componentes cognitivos, como as funções executivas, que abrangem um agrupamento de regiões cerebrais que envolvem diferentes domínios cognitivos.

A primeira infância, período até os 5–6 anos de idade, é a fase do desenvolvimento em que se forma a base cerebral que dará sustentação a todas as nossas funções cognitivas, e isso inclui as funções executivas.

Para que desenvolvamos bem essas funções, é preciso que em sua base ela receba estimulação adequada. Nesse sentido, entendemos que a nossa aprendizagem está diretamente ligada a uma perfeita integridade neurobiológica associada a um contexto social facilitador.

As funções executivas estão presentes em diversas atividades cotidianas. Logo, precisamos delas para:
- estabelecer metas e objetivos;
- pensar, memorizar, manipular e recuperar informações ao mesmo tempo em que lemos etc.;
- separar ideias e conceitos gerais de ideias acessórias;
- realizar tarefas que necessitem de atenção, foco, remoção de distratores e percepção;
- executar tarefas que envolvam domínio, iniciação, persistência, esforço, inibição, controle e avaliação automática de tarefas etc.;
- efetuar tarefas que exijam improvisação e mudanças de planos;
- realizar atividades que envolvam priorização, ordenação, hierarquização e predição de tarefas, seguindo metas, objetivos e resultados etc.;
- flexibilidade que implique autocrítica, alteração de estratégias e conduta, detecção de erros e busca de soluções etc.;
- resoluções de problemas...

As três funções executivas de base são:

- *Controle inibitório*: para que nossas tarefas do dia a dia sejam bem executadas, precisamos desenvolver a capacidade de agir com o menor impulso possível, mantendo a atenção, analisando a tarefa que precisamos realizar, planejando as ações (FITÓ, 2010).

- *Memória de trabalho*: função mental que permite que as informações fiquem armazenadas em nossa mente por um determinado tempo, a fim de que possamos associá-las a outras informações necessárias para a execução de uma tarefa. As informações que não são significativas e que estão na memória de trabalho logo se perderão; já as que foram conectadas a outras informações, criando novas redes neuronais, serão armazenadas na memória de longa duração (ROTTA, 2016).

- *Flexibilidade cognitiva*: diariamente, diferentes tarefas e exigências nos são apresentadas, por isso, precisamos sempre remodelar nossa forma de pensar, para reorganizar nosso pensamento com clareza e criatividade, sem que isso nos faça perder muito tempo ou nos estresse (ROTTA, 2016).

As funções executivas apresentam-se como um conjunto de variedade de habilidades cognitivas envolvidas na organização e na regulação do comportamento, sendo especialmente importantes em situações novas e complexas que necessitam de adaptação rápida e de flexibilidade às mudanças no ambiente (LIMA, 2015).

Essas funções ajudam o indivíduo a orientar seu comportamento a objetivos, a se comportar de forma adequada e a planejar caminhos para solucionar problemas. Elas são necessárias para regular o comportamento em situações sociais ou acadêmicas e também para controlar comportamentos impulsivos e para seguir as instruções dos pais ou dos professores.

Mas o que é função executiva?

É um conjunto de práticas voltadas para o aspecto cognitivo, com o fim de colaborar nas diversas tarefas que requerem itens importantes: planejamento e monitoramento de comportamentos, cuja intenção está relacionada a um dado objetivo, ou às demandas de caráter ambiental (FITÓ, 2012).

A importância está no fato de que tais habilidades possibilitam a interação com o espaço de maneira adaptativa. Isto é, é responsável por proporcionar o direcionamento de várias práticas relacionadas aos aspectos *sociais*, *emocionais* e *intelectuais*; dando à pessoa a autonomia necessária para realizar suas tarefas diárias.

Para melhor compreender as funções executivas, vamos caracterizar seus principais subdomínios e os possíveis déficits associados, apresentando algumas dicas para o processo de intervenção.

Controle atencional

O processo atencional nos primeiros anos de vida é elementar e involuntário. A criança passa a ganhar maior estabilidade nos processos atencionais por volta dos 24 meses.

A instabilidade da atenção pode durar até a adolescência, em virtude de diferentes influências dos processos volitivos vinculados às áreas cerebrais relacionadas ao prazer e à recompensa (sistema límbico ou motivacional).

A atenção é um mecanismo cerebral que possibilita o processamento de informações, pensamentos e ações relevantes para o funcionamento adequado diante de demandas externas e internas.

Ela atua em habilidades que envolvem memória operacional, processamento visual, processamento verbal, flexibilidade verbal, seletividade e controle inibitório.

A atenção pode ser:

- *voluntária* (e de autorregulação): controle consciente de resposta a um estímulo;
- *involuntária*: desencadeada por impulsos básicos ou por estímulos que entram em foco e ocasionam respostas reflexas;

Pode ser classificada de acordo com o tipo do estímulo:

- *sensorial* (estímulo externo);
- *ideatória* (estímulo interno).

A atenção pode ser classificada como (ENGELHARDT, ROZENTHAL e LAKS, 1996):

- *Atenção sustentada*: estado de prontidão para detectar e responder a certos estímulos por certo período de tempo. Refere-se à habilidade de manter uma resposta estável durante uma atividade repetitiva. Também é definida como a habilidade de se concentrar em uma tarefa por um período de tempo contínuo.

- *Atenção seletiva*: capacidade de manter-se atento de forma contínua a um estímulo, inibindo outros, isto é, direcionando a atenção para certo evento em detrimento de outros.
- *Atenção dividida*: capacidade de dividir o foco da atenção entre dois estímulos/tarefas. Um dos componentes da tarefa deve ser automatizado, ou, para que a atenção possa ser dividida, os estímulos devem ser de natureza sensorial distinta.
- *Atenção alternada*: capacidade de modificar o foco de atenção de um componente da tarefa para outro ou, ainda, de atender simultaneamente a dois ou mais estímulos alternadamente, mantendo comportamentos fluidos, isto é, sem interrupção da atividade.

Os processos de estimulação cognitiva para as redes atencionais são compostos por: alerta, orientação e atenção-executiva.

A atenção executiva é composta pelos processos atencionais controlados, permitindo a mudança voluntária de foco, a manutenção do tônus atencional e a resolução de conflitos atencionais em situações que demandam inibição, flexibilidade e alternância (FITÓ, 2012).

As redes atencionais são preditoras importantes da aprendizagem e solução de problemas (MALLOY-DINIZ, 2014).

Prejuízos na capacidade de controle atencional causam:
- impulsividade;
- dificuldade no autocontrole;
- dificuldades para iniciar e concluir tarefas;

- cometimento de erros de procedimento que o indivíduo não consegue corrigir;
- respostas de forma inapropriada ao ambiente.

Dicas para a utilização de recursos lúdicos no processo de estimulação cognitiva:

- jogos e atividades de baixa complexidade e com o mínimo de distratores;
- jogos e atividades com poucas informações e que despertem o interesse imediato;
- jogos e atividades que estimulem comportamentos tolerantes e que possibilitem estímulos para o autocontrole;
- jogos e atividades de curta duração e que promovam a sensação de dever cumprido, como iniciar e concluir uma tarefa, e, gradativamente, ir aumentando os níveis de complexidade...

Dicas e estratégias:

- evite situações promotoras de distrações;
- estimule a organização prévia do material a ser utilizado;
- busque por estratégias que auxiliem no seu manejo comportamental;
- quando falar com seu aluno/paciente, coloque-se na altura do seu olhar;
- respeite a forma como seu aluno/paciente funciona;
- promova o destaque de atividades de relevância;
- use linguagem clara e ofereça comandos diretos;
- estimule e favoreça atividades em dupla ou grupo;

- coloque o aluno/paciente em situações que possa sentir-se bem-sucedido;
- favoreça possibilidades para a percepção dos seus erros, sem expô-lo;
- promova momentos e atividades de organização e estratégias mentais;
- planeje momentos agradáveis e aulas/atividades atrativas;
- instigue-o a partir de atividades que favoreçam a memória operacional/memória de trabalho;
- estimule a aprendizagem pelo sociointeracionismo;
- incentive o resgate da memória remota;
- favoreça estratégias visuais que eliminem os distratores;
- fracione as informações/atividades a serem realizadas;
- dê significado aos conteúdos trabalhados (aprendizagem significativa);
- repita informações e lembretes importantes;
- utilize-se de recursos visuais ou concretos;
- promova a autoavaliação, evitando censuras;
- preveja o máximo que puder;
- utilize agenda, celular ou qualquer outro meio, como elo entre escola-família.

Estratégias de intervenção para quadros de desatenção

Algumas perguntas ainda são recorrentes quando falamos de quadros com prejuízos de funcionamento executivo:

- por que comete tantos erros, e, às vezes, erros que se repetem constantemente?
- por que não consegue selecionar o assunto importante para um dado momento, fixar e/ou alternar a atenção nesse assunto (olhar o quadro e copiar no caderno ou prestar atenção no que o professor diz e fazer anotações no caderno...)?

Para essas indagações, pode haver uma necessidade específica de aplicação de algumas estratégias ou atitudes simples, como:

- nunca emitir opiniões morais para o aluno/paciente;
- tentar identificar a presença de uma limitação específica, seja esta uma dificuldade médica ou psicológica, e, assim, buscar uma orientação adequada para o "problema";
- não dar instruções longas, com várias etapas;
- resgatar a sua atenção: fornecer maior supervisão/atenção;
- utilizar-se de estratégias antecipatórias;
- lembrar o aluno/paciente de copiar a matéria ou de realizar a atividade, já que muitas vezes estará disperso ou pensando em outro assunto;
- separar os itens da tarefa para que perceba detalhes importantes para aquele momento;
- ensinar a primeiro separar as informações, colorindo e destacando as mais importantes;
- pedir que releia o texto apresentado para que o compreenda melhor;

- intervir e lembrar o assunto inicial e o objetivo final esperado, sempre que perceber que o aluno/paciente perdeu o foco do assunto/resposta;
- usar marcador de texto para sinalizar os enunciados, as palavras-chave que serão importantes para a organização do raciocínio;
- incluir somente uma ideia em cada comando da tarefa, e, de acordo com a melhora do desempenho, ir ampliando as informações e a complexidade da atividade;
- estimular a organização e a grafomotricidade, causadas pelo déficit de coordenação motora que acarretam "letras feias" e de difícil compreensão, além de possível disgrafia;
- evitar falas ou comentários prejudiciais à autoestima e com relação a sua organização.

Planejamento mental

Planejamento é a nossa capacidade de estabelecer a melhor forma de atingir um objetivo, tendo em vista a hierarquização de passos e a utilização de instrumentos necessários para o alcance da meta.

O planejamento precisa estar presente em todas as tarefas que realizamos diariamente, pois é uma ação que visa a uma meta, um fim. Nesse sentido, são pensadas e elaboradas ações e estratégias que precisam ser monitoradas e repensadas continuamente, para que dessa forma o nosso objetivo seja alcançado (RODRIGUES, 2017).

Prejuízos na capacidade de planejamento mental causam:
- respostas lentificadas, podendo precisar de mais tempo para compreender um comando;
- hesitação na emissão de respostas;
- tempo de reação mais lentificado.

Dicas para o uso de recursos lúdicos no processo de estimulação cognitiva:
- jogos e atividades que possibilitem a elaboração mental de estratégias para sua resolução;
- jogos e atividades com passo a passo a seguir e que seja compatível com o nível de compreensão do indivíduo;
- jogos e atividades de raciocínio lógico e com amplas possibilidades de resolutividade;
- utilizar estratégias que favoreçam um comando por vez e dentro da compreensão do sujeito;
- jogos e atividades com comandos e estratégias simples e que respeitem o tempo e o ritmo do indivíduo;
- jogos e atividades de baixa complexidade, mas sem jamais infantilizar a pessoa, independentemente de sua idade.

Estabelecimento de objetivos

Precisamos de dois tipos de processamentos cognitivos para que nossa capacidade de resolução de problemas seja facilitada:
- *Processo automático*: quando não precisamos de grandes esforços para resolvermos questões diversas (plano, estratégia

e execução). As demandas que vão surgindo ativam os esquemas já aprendidos no passado e armazenados, fazendo acontecer o processo de evocação de informações. Dessa forma, usamos a memória de longo prazo para resolução de tarefas habituais do nosso dia a dia.

- *Processo controlado*: quando é exigido de nós maior esforço mental e produtivo – maior esforço e maior gasto de energia (plano, estratégia e execução). As funções executivas serão sempre solicitadas como necessárias para esse novo momento ou para situações complexas, buscando, assim, por novas estratégias mentais para a resolução do problema. Usamos as funções executivas para a resolução de tarefas novas ou complexas.

Prejuízos na capacidade de estabelecimento de objetivos causam:

- dificuldades na resolução de problemas;
- planejamento inadequado;
- desorganização;
- dificuldades em estabelecer e seguir estratégias eficientes;
- dificuldades na abstração.

Dicas para o uso de recursos lúdicos no processo de estimulação cognitiva:

- jogos e atividades que estimulem a memória e sua capacidade de evocação (trazer a informação de volta);
- jogos e atividades que promovam não só a organização mental, como também do próprio material e espaço a serem utilizados;

- jogos e atividades que estimulem o processo automático – quando usamos a memória de longo prazo para a resolução de tarefas habituais do nosso dia a dia – e o processo controlado – quando usamos as funções executivas para a resolução de tarefas novas ou complexas.

Controle inibitório

Por controle inibitório, compreende-se a capacidade de:
- filtrar pensamentos;
- inibir respostas prepotentes, hostis ou agressivas;
- controlar impulsos;
- inibir um comportamento inadequado em favor de outro mais adequado;
- resistir às distrações externas – ruídos, estímulos concorrentes;
- resistir às distrações internas – pensamentos, sensações concorrentes;
- reagir a estímulos distratores que interrompam uma ação;
- interromper respostas que estejam em curso, bem como pensar, ponderar, antes de agir.

A impulsividade é um dos quadros associados à falha no controle inibitório. Para se dar esse controle, dependemos de ações como: iniciação, persistência, esforço, inibição, regulação e autoavaliação de tarefas etc.

Essa função envolve a capacidade de controlar a atenção, os pensamentos, os sentimentos e comportamentos, para frear determinada predisposição interna (ou um desejo ou vontade muito intensa) e, assim, apresentar um comportamento mais adequado.

Sem o controle inibitório, seríamos pouco capazes de reagir de forma diferente a situações com estímulos agradáveis ou às quais já nos condicionamos a responder de determinada maneira. Basicamente, estaríamos à mercê apenas dos nossos impulsos e hábitos antigos.

O controle inibitório da atenção nos permite (BARKLEY, 2008) selecionar e focalizar um determinado estímulo em detrimento de outros. Algo que exemplifica bem essa situação é a nossa capacidade de concentração na fala de alguém durante uma festa. Apesar da presença de muita gente falando e da música no ambiente, conseguimos prestar atenção adequadamente na fala de alguém. Isso funciona melhor na ausência de estímulos muito intensos, visuais ou auditivos.

Na presença desses estímulos, nosso foco de atenção se altera, o que é uma reação também adaptativa.

É possível atenuar um pensamento ou representação cognitiva através da inibição cognitiva, o que envolve resistir a pensamentos e memórias desagradáveis.

Conseguir realizar esse controle é um processo que está imerso nas funções executivas e, em especial, no controle inibitório (BARKLEY, 2008).

O controle inibitório também pode envolver o autocontrole, que é a capacidade de controlar nosso comportamento para não agirmos impulsivamente a possíveis estímulos muito prazerosos (evitar comer doces, se está de dieta) ou a situações desconfortáveis (um acidente de trânsito ou uma situação de conflito social, por exemplo).

Prejuízos no controle inibitório são causadores de:

- comportamento impaciente diante de várias situações simples;
- interrupção do professor ou dos colegas de forma recorrente;
- dificuldade em esperar sua vez para falar ou para jogar;
- respostas impulsivas, sem pensar antes em alternativas;
- ações impulsivas, sem que se pense nas consequências de seu atos;
- dificuldade em controlar a vontade de ficar conversando o tempo todo, seja durante a aula ou em qualquer outra atividade em que se espere o contrário;
- distrações, o que leva a não conseguir controlar o foco atencional;
- dificuldades para controlar as emoções – gritar, bater, chorar... –, o que leva a situações de inadequação social.

Dicas para o uso de recursos lúdicos no processo de estimulação cognitiva:

- jogos cooperativos e atividades que estimulem o controle comportamental, como ganhar e perder (aprendendo a lidar com perdas e frustrações), trabalhando a tolerância às frustrações do dia a dia;
- jogos e atividades que estimulem compartilhamento e socialização;

- jogos e atividades que apresentem estratégias para lidar com os sentimentos e as emoções, contextualizando momentos e situações variados;
- jogos e atividades que trabalhem alguns medos (reais ou imaginários) e reações sociais consideradas inadequadas – promovendo o treino de habilidades sociais;
- jogos cooperativos e atividades sociointeracionistas, em dupla ou em grupo.

Tomada de decisão

A tomada de decisão é um processo que envolve análise e escolha de uma entre várias alternativas e a consciência de possíveis prejuízos decorrentes dessa escolha.

A análise das alternativas implica verificar o custo-benefício em curto, médio e longo prazo, os aspectos sociais e morais, e, também, a autoconsciência da possibilidade pessoal de arcar com a decisão tomada.

Entre outras funções executivas, isso abrange a memória de trabalho, a flexibilidade cognitiva, o controle inibitório e o planejamento.

Dicas para o uso de recursos lúdicos no processo de estimulação cognitiva:

- jogos e atividades que favoreçam a apresentação de situações que promovam possibilidades de escolhas e elaboração de estratégias mentais e planejamento (ideação e execução);
- jogos e atividades mais complexas e que promovam o planejamento mental na busca por uma resolução;

- jogos e atividades que, para sua execução, utilizem informações imediatas da memória de trabalho;
- jogos e atividades que estimulem processos de flexibilidade cognitiva para mudanças de estratégias e planos;
- jogos e atividades que provoquem situações de estimulação do autocontrole/controle inibitório...

Flexibilidade cognitiva

A flexibilidade cognitiva é a nossa capacidade de mudar o curso de ações ou pensamentos de acordo com as exigências do ambiente. Ou seja, é a capacidade de mudar o foco atencional, alternar entre tarefas e focos, considerar diferentes perspectivas, adaptar-se às demandas do ambiente. São habilidades ligadas à criatividade e resolução de problemas (FITÓ, 2012).

Essa função aparece mais tardiamente no desenvolvimento. Ela começa a se desenvolver melhor por volta dos 5 anos de idade e vai se consolidando a partir dos 9 anos.

A flexibilidade cognitiva é a habilidade que nos permite mudar de perspectiva espacial ou interpessoal. Em relação à perspectiva espacial, ela nos habilita a imaginar um objeto como se estivéssemos em outra posição. Em relação à interpessoal, pode levar a nos colocarmos no lugar de outra pessoa, procurando entender pensamentos, sentimentos e comportamentos diferentes dos nossos (capacidade empática).

A flexibilidade cognitiva nos possibilita pensar em dois conceitos ou objetos diferentes de maneira simultânea.

A flexibilidade cognitiva funciona desativando provisoriamente os processos que estão presentes na memória de trabalho para que seja possível, efetivamente, uma flexibilidade de pensamento e de ação (ROTTA, 2016).

Um aspecto muito importante da flexibilidade cognitiva é que ela nos permite eleger prioridades, reconhecer erros cometidos e se aproveitar de situações inesperadas.

Prejuízos na capacidade de flexibilidade cognitiva ocasionam:
- rigidez no raciocínio e na forma de proceder diante alguma atividade, repetindo erros anteriores sem perceber;
- dificuldades com mudanças de regras, de tarefas e de ambientes – rigidez diante de rotinas e de situações diversas;
- problemas na percepção de novas possibilidades diante de uma mesma situação;
- prejuízos em novos aprendizados, pelo receio de experimentar o novo, visto estar apegado ao que já conhece;
- rigidez e ritual comportamental e inflexibilidade perante inúmeras atividades importantes do dia a dia.

Dicas para o uso de recursos lúdicos no processo de estimulação cognitiva:
- jogos e atividades com possibilidades de escolhas e elaboração de estratégias mentais e planejamento para mudanças de planos, programados ou não;
- jogos e atividades que estimulem processos de flexibilidade cognitiva para mudanças de estratégias e planos, rotinas e atividades habituais, sempre propondo pequenas e gradativas mudanças nesse tipo de situação;

- jogos e atividades que incentivem múltiplas formas de execução;
- jogos e atividades que instiguem a múltiplas tentativas...

Memória operacional

O termo memória vem do latim e significa faculdade de reter e/ou readquirir ideias, imagens, expressões e conhecimentos. É o registro de experiências e fatos vividos e observados, podendo ser resgatados quando preciso (ROTTA, 2016).

Logo, a memória é a base da aprendizagem.

Trata-se de uma complexa e importante função cognitiva, de grande significado para o desenvolvimento dos processos de aprendizagem. Está presente em todas as nossas ações diárias e é o resultado ou a capacidade de reter todas as informações que nos chegam constantemente pelas vias sensoriais, ou ainda por meio dos ambientes em que estamos inseridos (FITÓ, 2012).

Sem o exercício e a capacidade de memória, não há aprendizagem.

Se não tivéssemos registros de memória, estaríamos sempre reiniciando as aprendizagens, porque, sem essas informações armazenadas e evocadas, as aprendizagens não se consolidariam. São as aprendizagens mantidas na memória que dão suporte às novas aprendizagens (PIAGET).

É pelo processo de assimilação que enviamos as informações recebidas pelas vias sensoriais para a memória de curto prazo ou para a memória de longo prazo e é nesse momento que o hipocampo é ativado.

O hipocampo ajuda a selecionar onde os aspectos mais importantes serão armazenados, além de participar também do reconhecimento das novidades e das relações espaciais (como, por exemplo, o percurso de uma rota, um caminho mais rápido...) (LENT, 2001).

O hipocampo filtra os dados recebidos, joga fora as informações de curto prazo e se encarrega de enviar outras informações para diferentes áreas cerebrais. Após esse processo, é a vez da atuação do lobo frontal, que promove a perfeita integração dos subdomínios das funções executivas.

Parte integrante do sistema límbico, o hipocampo exerce um papel vital na aprendizagem de regulamento, codificação da memória, bem como na consolidação da memória e na navegação espacial (LENT, 2001).

- A memória é o processo cognitivo que nos proporciona integrar, reter e recuperar informações e recordar o que aprendemos a partir da evocação – lembrar, recordar.
- Função mental que possibilita reter informações – guardar e aprender.
- Sistema de armazenamento que permite manter informações – assimilar, acomodar, gerar e transformar.
- Capacidade de evocar, de recordar as informações retidas – trazer de volta qualquer informação armazenada, quando assim se fizer necessário e de acordo com as demandas do meio.

Para isso, a memorização envolve três fases ou etapas:

- *Aquisição*: corresponde à entrada dos conteúdos na memória.

- *Retenção*: armazenamento ou conservação dos conteúdos que podem ser mantidos por diferentes períodos de tempo.
- *Recordação*: recuperação, evocação dos conteúdos que adquirimos e retivemos.

A *memória operacional* é um sistema temporário de armazenamento que permite o monitoramento e o manejo desses dados. É responsável por manter uma limitada quantidade de informações durante um período de tempo e manipular essas informações mentalmente, possibilitando relacionar e integrar informações, lembrar sequências ou ordens, projetar sequências de ações no futuro, manejar duas ou mais informações ao mesmo tempo, vindas de diferentes tipos/sistemas de memórias.

Ela fornece base para outros processos cognitivos (por exemplo, memorizar números de telefone temporariamente, localização, recuperação, manipulação, julgamento e utilização da informação relevante etc.).

A memória de trabalho envolve a capacidade de manter e utilizar informações em nossa mente. É a função que nos permite operar com informações que não estão mais presentes no ambiente. Isso pode referir-se a informações verbais e não verbais (por exemplo, visuais e espaciais).

Ela é crucial para entender o que está sendo dito e também para compreender alguma informação escrita, já que precisamos ordenar e organizar todo o conteúdo de maneira razoável e lógica.

A memória de trabalho nos permite fazer contas mentalmente, traduzir e entender outros idiomas e planejar como iremos resolver determinado problema.

Há uma forte ligação entre memória de trabalho e criatividade. Ambas nos permitem encontrar padrões diferentes entre diversos estímulos e objetos, bem como nos capacitam a atualizar nossas informações e pensamentos sobre tais objetos.

A memória de trabalho é fundamental para o funcionamento efetivo dos diferentes tipos de controle inibitório, já que ela direciona o que deve ser inibido ou não, reduzindo a probabilidade de erros por impulsividade (ROTTA, 2016).

Prejuízos na nossa capacidade de uso da memória operacional causam dificuldades:

- no processo de codificação;
- no armazenamento e evocação de informações;
- com o manejo de novas informações;
- em lembrar ações a serem realizadas no dia a dia;
- em seguir corretamente as instruções das tarefas;
- em conseguir manter as informações em mente por tempo suficiente, para usá-las em seguida;
- em realizar cálculos ou solucionar problemas matemáticos mentalmente;
- durante a leitura, apresentando problemas em conectar a informação de um parágrafo com o outro e, geralmente, em compreender o que se lê;
- numa recontagem de história ou em uma atividade de escrita, tendo problemas em organizar as informações em uma ordem temporal coerente – começo, meio e fim;
- de criar a partir de uma história já iniciada, para continuá-la em uma produção textual, por exemplo.

Dicas para o uso de recursos lúdicos no processo de estimulação cognitiva:
- jogos e atividades que promovam o resgate da memória de eventos recentes durante os atendimentos, em sala de aula ou de situações vivenciadas antes da atividade proposta para aquele momento;
- jogos de memória e atividades de combinações, atividades de associação e categorização;
- jogos e atividades de associações de ideias e contagem das histórias, logo após o fim da atividade;
- jogos e atividades que utilizem informações imediatas da memória de trabalho, provocando sua evocação/resgate.

Categorização

A categorização é um processo que permite que agrupemos elementos que compartilham propriedades específicas ou muito distintas, por exemplo, laranja e abacaxi são frutas.

A categorização está relacionada com a formação de conceitos, com a capacidade para o raciocínio dedutivo, indutivo e abstração.

Dicas para o uso de recursos lúdicos no processo de estimulação cognitiva:
- jogos e atividades que promovam associação de cores, formas, figuras, letras, numerais, animais, objetos, cenários;
- jogos que estimulem o entendimento e a realização de agrupamentos de elementos que compartilham propriedades específicas ou até mesmo propriedades muito diferenciadas;

- jogos e atividades que realizem associação, discriminação e ordenação por similaridades ou não.

Fluência

A fluência é a capacidade de emitir comportamentos verbais e/ou não verbais em sequência, obedecendo a regras preestabelecidas, explícitas ou implícitas.

A fluência verbal configura-se como um marcador das funções executivas, envolvendo a capacidade de busca e recuperação de dados armazenados, habilidades de organização, autorregulação e memória operacional, componente fundamental para as aprendizagens sistemáticas e assistemáticas (MAGILA; CARAMELLI, 2001).

Dicas para o uso de recursos lúdicos no processo de estimulação cognitiva:

- jogos e atividades que promovam a apresentação de comandos simples e complexos, objetivando compreender como o sujeito responde a esses comandos e como realiza as atividades a partir dessa compreensão;
- jogos e atividades com possiblidades de trocas de informações, gerando expressão verbal ou não verbal e, assim, garantindo a comunicação social (troca de informações compreensivas) – o que assegura possibilidade de socialização;
- jogos e atividades promotoras do processo de leitura e escrita (alfabetização e letramento);
- jogos de arte e atividades para expressão não verbal;
- jogos e atividades que favoreçam a livre expressão e iniciativa.

As funções executivas são reguladoras do comportamento humano, sendo necessárias para formularmos metas e planejarmos como alcançá-las.

São atividades mentais autodirigidas que ajudam uma pessoa a resistir à distração, a solucionar problemas internos e externos e a criar estratégias para alcançar um objetivo ou meta. Elas estão diretamente ligadas às nossas capacidades de habilidades de pensamento e autorregulação.

Os déficits de funcionamento executivo (disfunção executiva) são reais, e temos que resolvê-los. Assim, precisamos ensinar/mediar e estimular o indivíduo a ser capaz de ajudar a si mesmo para ser bem-sucedido em todas atividades do seu dia a dia, desde a infância até a vida adulta.

O foco de todas as abordagens de intervenção deve ser ensinar a pessoa com disfunção executiva a desenvolver-se, utilizando-se de estratégias de acesso e utilização, e não apenas fornecendo acomodações pouco funcionais.

Ao avaliarmos os déficits de um aluno/paciente, precisamos saber se é um déficit de motivação ou de habilidade. Dessa forma, teremos maiores possibilidades de criação para um plano de atendimento mais bem direcionado.

Precisamos oferecer estratégias e não acomodações, para que, assim, o indivíduo adquira independência e autonomia em todas as suas habilidades adaptativas.

Esse indivíduo tem de aprender a criar as próprias estratégias de planejamento, organização e execução (ideação e execução).

Precisamos criar situações para ensiná-los a lutar pelos seus direitos, reivindicando mais tempo na realização de provas,

provas adaptadas e acessíveis, ledor durante a execução da prova ou em situações diversas de sua vida escolar, tempo adicional para fazer atividades e avaliações, espaço diferenciado para execução dessas avaliações, currículo flexível e atitudes também flexíveis por parte de toda a comunidade escolar.

Todos nós usamos acomodações e estratégias para nos ajudar em nosso funcionamento executivo.

Precisamos oferecer estratégias que levem o indivíduo a gradativamente deixar de precisar de ajuda, até que consiga agir de forma independente.

Precisamos preparar esse sujeito para o ensino em suas diversas modalidades e demandas, habilitando-o para exercer autonomia no dia a dia, para o convívio em sociedade e para o mercado de trabalho e a vida funcional e produtiva.

São as Funções Executivas que nos tornam civilizados, humanos, por assim dizer. Portanto, a história humana desenrola-se na dependência delas.

São elas que mais nos diferenciam dos animais, já que nós, os humanos, temos a habilidade de processar atividades com atenção sustentada, memória operacional, inibição dos impulsos, fluência verbal e, especialmente, pensamento abstrato e capacidade para o controle inibitório.

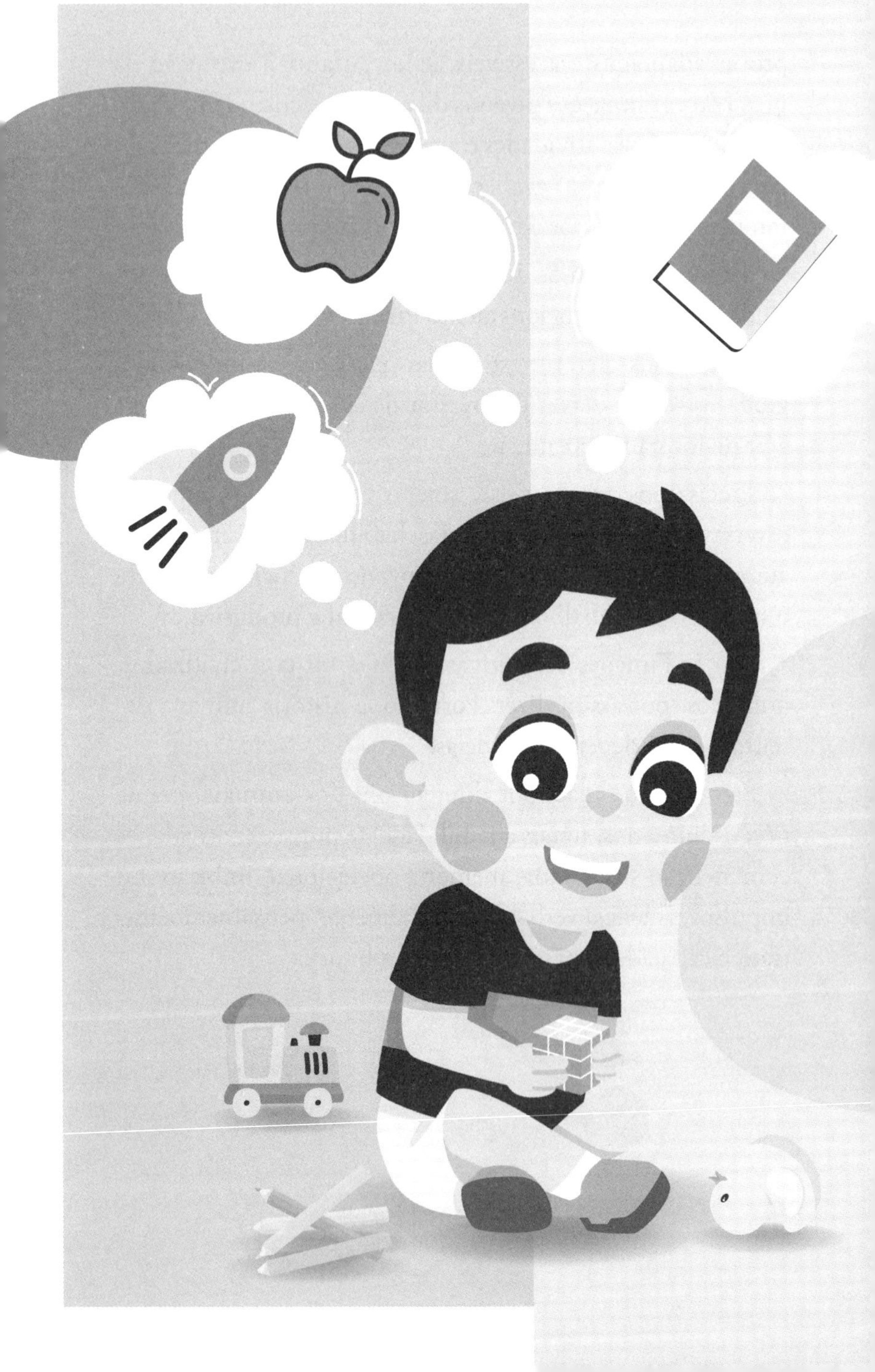

Capítulo 8

Dicas e orientações práticas em sala de aula e espaços de atendimento

Depois do ambiente domiciliar, o espaço escolar é onde mais se pode observar e perceber com clareza o quadro global da criança ou adolescente com TDAH, em múltiplos contextos situacionais, pois o tempo de permanência nesse espaço institucional e a dinâmica de atividades individuais e coletivas levam ao claro evidenciamento de características importantes para a identificação precoce dessa condição médica e para possíveis encaminhamentos e avaliações fora da escola.

Daí a importância de o grupo escolar (comunidade escolar) buscar por conhecimento sobre o trabalho das equipes multidisciplinares (terapeuta ocupacional, fonoaudiólogo, psicólogo, psicomotricista, psicopedagogo, neuropsicopedagogo, nutricionista, fisioterapeuta, musicoterapeuta...), não só para entender o papel de cada profissional, mas também para viabilizar esses encaminhamentos com precocidade, a partir da orientação familiar e do apontamento de caminhos a serem seguidos, auxiliando, assim, a criança em seu processo de desenvolvimento.

A maioria das queixas feitas por educadores acontecem a partir dos quadros de alterações comportamentais apresentados pelos alunos com TDAH, com destaque para os sintomas e sua apresentação na sala de aula, especialmente quanto aos prejuízos relacionais e no processo de ensino e aprendizagem.

Vejamos os mais comuns:

- dificuldades na manutenção do foco atencional, o que leva ao cometimento de erros simples pela baixa capacidade perceptual;
- prejuízos atencionais recorrentes, mesmo em atividades lúdicas e relaxantes, que muitas vezes são de interesse do aprendente;
- tendência ao cometimento de erros simples, como fazer a atividade em outra página, diferente daquela solicitada inicialmente pelo professor;
- inclinação a erros matemáticos simples por não observar o sinal indicativo para a realização da operação matemática ou pela pressa em executar e se livrar da atividade;
- predisposição a pular de uma questão para outra, esquecendo-se de cumprir a ordem de execução da atividade;
- propensão à distração, muitas vezes nem percebendo quando está sendo chamado pelo nome;
- prejuízos significativos em seguir instruções e/ou concluir tarefas, com tendência a realizá-las antes de ter sido concluída a solicitação ou da compreensão do que se pede;

- dificuldades visíveis no tocante à organização de suas tarefas, atividades e até mesmo de seus materiais, com inclinação a desorganização e desleixo;
- tendência a fugir ou a rejeitar atividades que demandem esforço mental produtivo;
- perda ou esquecimento de materiais e atividades importantes;
- distração por qualquer estímulo irrelevante;
- dificuldade em produzir em sala de aula, tendendo a ficar mais preocupado com a hora do intervalo ou com atividades de lazer;
- prejuízos na compreensão de comandos simples, seja pela fala do professor, seja pela atividade escrita;
- tendência a começar uma atividade e a mudar para outra, deixando a atividade inicial incompleta;
- desistência em realizar certa leitura pela forma ou pelo tamanho da letra;
- perda do foco atencional com facilidade e propensão a envolver-se em conversas paralelas durante a aula;
- comportamento irrequieto durante a aula, mexendo as mãos ou os pés ou, ainda, se levantando da cadeira;
- não consegue ficar sentado por muito tempo, principalmente em situações onde isso é esperado;
- facilmente se expõe a perigo, escalando ou explorando espaços inadequados;
- mesmo em atividades lúdicas, não consegue manter-se em silêncio, fica falando ou cantarolando;
- fala em demasia e tem comportamento agitado;

- impulsividade em várias situações, respondendo a perguntas antes mesmo de serem completadas ou de compreender o que está sendo pedido;
- baixa capacidade para administrar o tempo, o que faz com que abandone filas ou comporte-se de forma inadequada em situações em que é preciso seguir regras e esperar;
- demonstra necessidade de ir ao banheiro por várias vezes durante a aula, o que demonstra sua necessidade de movimento;
- é comum falar alto ou gritar, correr; ainda apresenta prejuízos psicomotores como falta de coordenação, o que, consequentemente, causa pequenos acidentes;
- interrompe a conversa dos outros e só ele quer falar; muitas vezes, não conclui uma história iniciada, pulando para outro assunto...

Essas são algumas das inúmeras situações percebidas pelos educadores no tocante ao espaço escolar, quando se observa um aluno com quadro de TDAH.

O processo de inclusão socioeducacional demanda um olhar de acolhimento e respeito a todos os sujeitos em suas singularidades, garantindo-lhes, assim, que ferramentas acessíveis sejam disponibilizadas a quem delas necessitar.

Diante de tudo que já relatamos acerca do TDAH, cabe elencarmos aqui algumas estratégias interessantes que podem ser adotadas pelo professor de sala de aula comum e também por profissionais dos atendimentos multidisciplinares, para que, dessa forma, seja possível favorecer o comportamento e o aprendizado do aluno/paciente com TDAH na sala de aula e em momentos diversos, visto ser esse aluno/paciente considerado ainda um grande desafio para a dinâmica desse exercício dentro e fora da sala de aula.

Para facilitar, a partir daqui iremos chamar nosso sujeito em discussão de "aluno":

- por sua dificuldade atencional, é importante evitar situações de distrações. Logo, em momentos pontuais, convide, incentive ou recomende que seu aluno com TDAH ou com qualquer outra dificuldade sente-se próximo a você ou ao alcance do seu olhar, e certifique-se de que ele fique distante da janela ou da porta, num local onde tenha menor possibilidade de se distrair;
- a antecipação pode gerar maior organização e menor possibilidade de esquecimento ou cometimento de erros ou de comportamentos inadequados. Portanto, estimule a organização prévia do material a ser utilizado durante a aula (isso também se aplica em casa). Ajude o aluno a se organizar em sala de aula, e, especialmente, auxilie-o com seu material de uso diário, selecionando os objetos necessários para aquele momento e evitando outros que possam distraí-lo durante as atividades propostas;
- o controle inibitório pode ser um desafio para muitas pessoas com TDAH. Nesse sentido, busque por estratégias que auxiliem no seu manejo comportamental. Quando o aluno começar a ficar agitado, inquieto ou desconfortável na cadeira, ou ainda quando começar a atrapalhar a turma, redirecione-o para outra atividade ou para algo de seu

interesse, como, por exemplo, levar um recado para fora da sala, recolher os livros das carteiras, apagar o quadro, auxiliar um outro colega que necessite etc.;

- algumas atitudes por parte do profissional podem favorecer inúmeras situações positivas. Quando falar com seu aluno, coloque-se na altura do seu olhar: olhe sempre diretamente em seus olhos, para "trazê-lo de volta", especialmente quando perceber que está distraído e com o pensamento longe do que precisa realizar naquele momento. Um olhar acolhedor pode tirá-lo do devaneio ou dar-lhe liberdade para fazer uma pergunta, ou apenas lhe proporcionar maior segurança, redirecionando-o para suas atividades;

- pessoas com TDAH apresentam prejuízos de funcionamento cerebral, principalmente nas funções executivas. Nesse sentido, faz-se importante descobrir seu estilo de aprendizagem e o que pode funcionar melhor. Respeite a forma como seu aluno aprende. Busque por atividades de ensino que estimulem respostas ativas, como, por exemplo, falar expressando o que deseja, mover-se, organizar-se e trabalhar no quadro-negro. Descubra como ele rende mais;

- atividades que não chamam a atenção podem ser geradoras de abandono, procrastinação ou pouco envolvimento para qualquer pessoa. Assim, é importante planejar atividades atrativas e até do interesse do indivíduo. Evite tarefas monótonas e repetitivas, ou tarefas que não tenham significado real para o aluno;

- sinalizadores visuais funcionam bem para qualquer um de nós, independentemente da nossa condição de funcionamento cerebral. Promova o destaque de atividades de relevância para aquele momento em que você necessita de maior atenção e envolvimento por parte do aluno com TDAH. Antes de iniciar uma atividade, realce com um marcador de texto ou cores diferentes as partes mais importantes daquela tarefa, para que ele tenha clareza das instruções e das informações mais relevantes;

- os comandos verbais podem ser ferramentas poderosas em muitas situações e a forma de falar pode modificar muitas atitudes e comportamentos de uma pessoa com TDAH. Utilize linguagem clara e ofereça comandos diretos e claros, sem informações confusas ou de duplo sentido. Use menos palavras para explicar-lhes as tarefas ou para comandos diversos, pois as instruções verbais serão mais bem compreendidas se repassadas objetivamente e uma por vez, observando sempre se o aluno as compreendeu;

- o sociointeracionismo é sempre muito bem-vindo. Quem sabe mais auxilia quem sabe menos. Estimule e favoreça a cooperação: organize trabalhos ou atividades em duplas, dê preferência para que o aluno em questão trabalhe em parceria com um colega mais tranquilo e mais centrado, pois isso facilita o processo de mediação e promove trocas importantes, além de garantir maior envolvimento do aluno com outros alunos da sala;

- sempre comece ou favoreça atividades que tenha certeza de que o aluno será capaz de desempenhar melhor. Tenha cuidado com tarefas geradoras de fracasso e frustrações.

Coloque o aluno em situações em que possa sentir-se bem-sucedido. Alterne tarefas de alta e baixa complexidade, com conteúdos de alto e de baixo interesse para o aluno com TDAH. Gradue as dificuldades das atividades, evitando saltar de problemas fáceis para muito difíceis;

- promova momentos para rever com seu aluno situações não exitosas, sem chamar sua atenção e sem expô-lo perante a turma. Favoreça possibilidades para a percepção dos seus erros, mas sem constrangê-lo: circule, sublinhe ou realce partes do texto em que o aluno geralmente falha ao fazer seu trabalho escrito, pois isso evitará futuros erros;

- flexibilidade mental e experimentação de novas estratégias fazem parte do repertório de dificuldades do aluno com TDAH. Oportunize momentos e atividades de organização e estratégias mentais: incentive a leitura em voz alta, o reconto de histórias e fatos vividos, bem como a falar por tópicos, ajudando-o a organizar as ideias. Favoreça a descoberta de estratégias pessoais que sejam funcionais;

- vivências lúdicas representam ações concretas e favorecedoras de novos saberes e aprendizados. Planeje momentos agradáveis e aulas atrativas: utilize recursos próximos da realidade do aluno, como o uso de tecnologia e jogos. Realize atividades com muita cor (pincéis coloridos para o quadro-negro, canetas coloridas para as anotações no

caderno ou livro), tornando, assim, as aulas mais interessantes e mais dinâmicas;
- jogos de memória e atividades para memória de curto prazo são cruciais para processos de assimilação e acomodação, gerando novos saberes ou modificando os já existentes. Estimule a memória operacional, memória de curto prazo ou memória de trabalho: reforce o uso diário do agendamento e de anotações das atividades, por ordem cronológica. Pergunte sobre momentos anteriores e aproveite seu conhecimento prévio, pois isso favorece sua autoestima;
- atividades grupais garantem múltiplas possibilidades, inclusive maior sociabilidade e adaptação ao grupo. Estimule a aprendizagem pelo sociointeracionismo: implante o sistema de estudos com "tutor", escolha na classe um aluno com habilidades acadêmicas e interpessoais, para atuar como o "seu amigo de estudos", pois isso fará uma grande diferença no andamento das atividades e na motivação do aluno, além de facilitar o trabalho do professor;
- sempre comece qualquer atividade fazendo uma breve revisão ou lembrete do que foi realizado anteriormente, valorize o conhecimento prévio do aluno. Incentive o resgate da memória remota (evocação): antes de iniciar um novo conteúdo, utilize alguns minutos para recordar a matéria dada anteriormente ou descubra o que o aluno ou a turma já sabem sobre esse assunto. Dessa forma, criará um elo significativo entre os assuntos a serem trabalhados e os já abordados, favorecendo a atenção

e a fixação das informações na memória – aprendizagem significativa e contextualizada;
- organização visual com espaço entre textos e uso de imagens proporciona maior retenção da atenção. Favoreça estratégias visuais que eliminem os distratores: ao fazer adequações curriculares, distribua as questões nas folhas de atividades e de avaliação, espaçando-as de tal forma que, enquanto o aluno responde uma, não se distraia com as outras, o que favorece o estímulo à atenção seletiva e à atenção sustentada, ampliando sua capacidade de concentração. Também é bem-vinda a utilização de réguas com destaque para a leitura de uma linha do texto ou apenas uma palavra;
- atividades longas, textos longos ou qualquer situação que demande tempo prolongado podem ser facilmente abandonados por pessoas com TDAH. Fracione as informações ou as atividades a serem realizadas: divida longos projetos em segmentos mais curtos, assim o aluno visualizará melhor o início e o fim de suas tarefas, promovendo, dessa forma, uma melhor funcionalidade na execução das tarefas e atividades, visto que tarefas longas e que exijam maior esforço mental podem ser facilmente abandonadas, em virtude da baixa capacidade de tolerância e da frustração;
- cada aprendente tem um caminho facilitado para o processo de ensino e aprendizagem. Identificar o estilo de aprendizagem e o perfil representacional de cada aprendente faz toda a diferença. Dê significado aos conteúdos trabalhados

e descubra seu estilo de aprendizagem (aprendizagem significativa): use a memória visual para ajudar na codificação da memória verbal. Utilize filmes, cartazes, propagandas, recursos do interesse do aluno. Se o aluno tem dificuldades em fixar o que é visual, utilize recursos sonoros, como gravar ou filmar as aulas para recordá-las em casa;

- comece sempre rememorando atividades e tarefas anteriores, de forma a fazer conexão com a tarefa a ser trabalhada. Repita informações e lembretes importantes: utilize-se de recursos de repetição ou lembretes, pois alguns alunos com TDAH só conseguem consolidar o aprendizado assim. O esquecimento pode ser uma constante na vida de muitos desses alunos;

- sinalizadores visuais, sejam objetos ou imagens, palavras ou fotos, favorecem a retenção de algumas informações. Utilize-se de recursos visuais: avise sobre o que vai falar antes, pois crianças com TDAH aprendem melhor visualmente do que pela voz. Se puder, escreva o que será falado e como será falado;

- em momentos pontuais, leve o aprendente a rever comportamentos e atividades vivenciadas. Promova a autoavaliação do aluno evitando censuras: acostume-se a dar retorno, o que ajudará a criança a tornar-se auto-observadora. Algumas crianças com TDAH não têm ideia de como estão indo ou de como têm se comportado. Faça perguntas que promovam a autorreflexão, como: você sabe o que fez? Como você acha que poderia ter dito isso de maneira diferente? Seu comportamento foi bom hoje?

Conseguiu se organizar durante a cópia do quadro-negro ou durante a atividade? Você tem cumprido suas tarefas diárias? O que acha que precisa para melhorar seu desempenho? Que atividades são mais difíceis para você;
- seja proativo e observe possíveis comportamentos negativos por vir. Antecipe-se e prepare o aprendente para novas e inesperadas situações. Preveja o máximo que puder: alterações e mudanças sem aviso prévio são difíceis para qualquer pessoa, e para os alunos com TDAH ainda mais, pois eles podem perder a noção das coisas. Prepare as mudanças com antecedência e avise o que vai acontecer, repetindo esses avisos à medida que o momento for se aproximando e de acordo com a necessidade de cada caso;
- encontre um canal de comunicação que facilite a troca de informações entre os serviços e as instituições que assistem seu aprendente. Utilize agenda, celular ou qualquer outro meio, como elo entre escola-família-atendimento. Isso contribuirá para uma melhor comunicação entre pais, professores e profissionais do atendimento, evitando, assim, falhas de comunicação, perdas das reuniões, dificuldades de manejos de crises e ainda ajudando no frequente retorno das informações que a criança precisa em momentos pontuais.

Vejamos algumas estratégias pontuais para o aluno desatento na sala de aula. Observe algumas questões importantes:
- por que esse aluno comete erros, às vezes, erros "bobos" e que se repetem constantemente?

- por que ele não consegue selecionar o assunto importante para um dado momento, fixar e/ou alternar a atenção nesse assunto (como, por exemplo, olhar o quadro-negro e copiar no caderno ou prestar atenção no que o professor diz para fazer as anotações no caderno...)?

Nesses casos, pode haver necessidade específica de aplicação de algumas estratégias simples, como:

- observe seus comportamentos e atitudes. Nunca emita opiniões morais para os alunos, seja verbalizando ou escrevendo comentários no caderno. Isso é devastador para aquele aluno que apresenta qualquer dificuldade, e em especial para o aluno com TDAH, que normalmente tem consciência de suas dificuldades, mas não consegue mudá-las, mesmo tentando e se esforçando até muito mais que os demais alunos. Certas posturas e comentários comprometem a autoestima, desvalorizam os esforços e as conquistas desses alunos e, ainda, limitam seus interesses nos estudos, podendo causar desistência e abandono escolar;

- avaliação diagnóstica é sempre bem-vinda, pois direciona o profissional para os próximos passos, especialmente para a elaboração de um plano de atendimento funcional. A identificação de barreiras que dificultam o processo de desenvolvimento do aprendente é o primeiro caminho para melhores estratégias e possíveis encaminhamentos. Tente identificar a presença de uma dificuldade pedagógica específica, um problema médico ou psicológico, e, assim, busque uma orientação adequada. Lembre-se de que o aluno pode ter um problema, mas que ele não é o

problema! Tem dificuldades, mas também capacidades que precisam ser potencializadas e valorizadas!
- clareza e direcionamento específico em relação ao que se está solicitando. Comandos e atividades curtas e de fácil compreensão facilitam bastante o entendimento do aprendente com TDAH. Não dê instruções longas ou confusas, com várias etapas: é fundamental sempre fragmentar cada atividade ou avaliação em partes menores, de forma que facilite sua execução e conclusão, ou seja, propor várias atividades menores e não uma atividade única e extensa. Conforme o limiar de tolerância for crescendo, também se ampliam os tamanhos das atividades e seus níveis de complexidade;
- adequações curriculares de pequeno porte fazem parte das ações do professor e dependem única e exclusivamente de sua iniciativa e interesse, dentre elas, os ajustes de tempo e espaço fazem a grande diferença para muitos alunos. Resgate a sua atenção: por isso a necessidade de colocá-los nas carteiras da frente, mais próximos do professor, para, assim, evitar distratores e perda do foco principal;
- supervisão disfarçada e chamar a atenção em momentos pontuais garantem maior produtividade por parte do aluno. Ofereça maior supervisão/atenção para que ele termine a tarefa em sala de aula e se sinta produtivo e funcional como os demais, pois naturalmente há uma tendência para procrastinação (adiar, deixar para depois), e isso gera acúmulo de atividades e, consequentemente, desistência em executá-las;

- algumas estratégias de adequações curriculares e flexibilidade são bem-vindas, mas veja com o aprendente se ele necessita delas e as aceita. Utilize-se de estratégias antecipatórias: não apague o quadro antes que ele tenha terminado de copiar toda a matéria; se preferir e for mais funcional, faça uso de cópias impressas. Mas, sempre que possível, consulte o aluno e veja o que é melhor;
- chame a atenção do aluno com TDAH para maior funcionalidade e produtividade em sala de aula, pois o déficit atencional é uma constante na vida desses indivíduos. Lembre-o de copiar a matéria e de não deixar para o final da aula, já que muitas vezes estará disperso ou pensando em outro assunto;
- descubra estratégias e caminhos que facilitem a execução das atividades. Quanto menos itens e informações, maior facilidade para a compreensão. Separe os itens da tarefa para ajudar o aluno a perceber detalhes importantes. Num exercício de matemática, ensine-o a separar os tempos do problema e montar a sequência de contas, pois naturalmente, por sua desatenção, ele tenderá a somar todos os números, sem perceber que o último deveria ser subtraído. Da mesma forma, ele terá dificuldade de processar as informações dos enunciados dos textos, separando-as e interpretando-as;
- destaque o que é mais relevante em cada atividade solicitada. Ensine-o primeiro a separar as informações, colorindo e destacando as mais importantes. Depois, peça que as releia para que tenha melhor compreensão do texto apresentado e não se precipite na emissão das respostas;

- resgatar a atenção dos aprendentes no tocante aos assuntos trabalhados é importante, visto que alguns podem desviar a atenção com facilidade. Lembrar o assunto trabalhado durante a aula auxilia bastante. É comum o aluno perder o foco do assunto/resposta, no discurso verbal, quando se inicia ou se passa para outro assunto, sem concluir nenhum deles. Então, faça uma intervenção para lembrá-lo qual é o assunto inicial e, consequentemente, o que se espera que ele faça;
- estimule estratégias que motivem os alunos com TDAH ao processo de leitura, mesmo que com base em assuntos corriqueiros, pois isso facilitará também as atividades de escrita e produção textual. Assim como a compreensão da leitura e as respostas verbais, sua escrita também estará prejudicada. Geralmente, o aluno pode dar três tipos de respostas: as supercurtas, as que perdem o foco do assunto e as respostas sem sentido aparente. Lembrando que, se esse aluno é lento na escrita, sua tendência é escrever o menos possível;
- adequação curricular e flexibilização de currículo e atividades são importantes para melhor orientação do aprendente. Alguns alunos com TDAH, ao darem respostas sem sentido, podem indicar o quanto a compreensão da sua leitura está prejudicada. O professor poderá usar o marcador de texto para sinalizar, nos enunciados, as palavras-chave que serão importantes para a organização do raciocínio. Isso ajuda bastante;
- apresente com clareza o que se deseja naquele momento ou atividade, pois isso facilita sua compreensão e execução.

Inclua somente uma ideia em cada comando da tarefa, e, conforme seu desempenho for melhorando, você pode ampliar as informações, aumentando a complexidade da atividade;
- prejuízos na grafomotricidade, dificuldades quanto à orientação espacial, lateralidade e direcionalidade, são itens importantes que sinalizam prejuízos psicomotores e que podem comprometer o processo funcional de aquisição da escrita. O déficit de coordenação motora é um dos itens mais rapidamente percebidos pelos professores, através de "letras feias" e de difícil compreensão, possível sinal de disgrafia (transtorno específico da aprendizagem) ou até mesmo de pressa para terminar aquela atividade, que pode não ser interessante ao aluno. Algumas vezes essas letras ou dificuldades não são corrigíveis;
- ajuste de material e ferramentas acessíveis pode ser útil em algumas situações. Utilize-se de cadernos com pautas, com pautas duplas, ou com linhas em destaque, especialmente nos casos de desorganização gráfico-espacial (dificuldade visomotora ou óculo-manual), em que o aluno apresenta dificuldades no alinhamento e uso dos espaços para palavras e números. O mais frequente é pular as linhas na escrita, o que pode favorecer a desorganização de seu material de estudo e até mesmo sua compreensão;
- julgamentos ou censuras não são bem-vindos quando se fala em comportamentos de pessoas com TDAH. Evite falas ou comentários prejudiciais à sua autoestima, especialmente com relação a sua organização e capricho

com seu material, pois os prejuízos de coordenação motora, orientação espaço-visual, também são responsáveis pelo estado de má conservação do material escolar, deixando-os mais rapidamente estragados e com aparente desleixo;
- comorbidades (quadros diagnósticos associados) são situações comuns em quadros de transtornos do neurodesenvolvimento, especialmente quando falamos de TDAH. Fique atento para identificar possíveis sinais que superam o TDAH e oriente a família quanto aos passos a seguir;
- o quadro diagnóstico de TDAH sozinho não gera prejuízo significativo e permanente nas trocas de letras, na ortografia e concordância verbal. Tal situação é comum na dislexia (dificuldades de leitura e escrita – um dos transtornos específicos da aprendizagem), que é assunto para outro momento. Mas é importante ressaltar que existe um transtorno específico de aprendizagem da matemática, a discalculia, bem como dificuldades na organização espacial das letras – disgrafia, e o cometimento excessivo de erros ortográficos – disortografia, que também deverá ser assunto para outro estudo.

Vejamos algumas estratégias para o aluno hiperativo (agitação psicomotora) na sala de aula:
- algumas estratégias de organização da sala de aula podem funcionar: coloque-o na frente, com pouco acesso a outros alunos ou sentado ao lado de quem não vai lhe "render assunto" ou facilitar sua dispersão, pois existe uma grande facilidade, nesses casos, de controle atencional

para atenção seletiva, o que dificulta seu envolvimento em tarefas diversas;

- pessoas com TDAH tendem a apresentar comportamentos que podem causar desconforto no seu entorno. Logo, não se incomode por elas não conseguirem ficar paradas nem silenciosas, quando se espera que isso aconteça. Alguns alunos com TDAH apresentam recorrente agitação psicomotora mesmo em condições que lhes sejam interessantes ou que exijam relaxamento;

- a organização de agrupamento para realização de atividades pode funcionar muito bem, mas é preciso cuidado. Juntar dois indivíduos com TDAH pode não ser funcional para ambos, por isso, separe alunos com as mesmas características;

- busque por situações que melhorem seu autoconceito e seu sentimento de pertencimento e validação. Dê-lhe responsabilidades e tarefas extras, como apagar o quadro, buscar algo na secretaria, prestar ajuda a alguém... seu corpo precisa desse movimento e sua autoestima aumenta por sentir-se útil, reconhecido ou importante;

- respeite sua forma de ser, validando suas capacidades e a maneira de expressar seus saberes. Dê-lhe tarefas verbais, onde sua fala possa ser trabalhada e consequentemente sua memória também. Se for necessário, utilize-se dessa fala para outros fins, como a participação em atividades em sala de aula e até mesmo em processo de avaliação;

- impulsividade e ansiedade podem atrapalhar em muitas situações, levando a pessoa com TDAH a responder ou

a agir de forma precipitada, o que traz severos prejuízos. Oriente-a, sempre, a somente responder quando a pergunta já tiver sido concluída, evitando, assim, precipitação e erros desnecessários;
- crie estratégias que favoreçam o envolvimento do aluno com TDAH em situações nas quais não tomava parte com frequência. Peça-lhe sempre que dê sua opinião em assuntos dos quais anteriormente não participava, ou seja, solicite que se envolva em conversas já iniciadas por outros, pois isso favorece a socialização, a formação de vínculos e a autoestima, além das aprendizagens sistemáticas e assistemáticas;
- preveja situações negativas e crie novas estratégias. Use os comandos: "respire, pare, pense, agora responda", principalmente quando você perceber que a impulsividade vai dominar a ação do aluno e comprometer seus rendimentos;
- comportamentos oscilantes, quadros disruptivos e baixa capacidade para lidar com negativas e frustrações podem ser recorrentes no dia a dia da pessoa com TDAH. Interrompa atritos entre ela e outros alunos para que você não perca o domínio sob a sala de aula e para que a impulsividade não se transforme em comportamento agressivo, evitando, assim, outros prejuízos de ordem social;
- a condução do processo de ensino e aprendizagem depende do profissional de sala de aula e das ferramentas acessíveis e atitudinais adotadas por ele, assim como os processos de estimulação dependem do profissional com

atuação clínica e institucional. Você é a autoridade: não se deixe fixar nos desafios manifestados por esse aluno. Desconsiderá-los, às vezes, pode dar mais resultados e menos desgaste na sua ação profissional diária;

- da mesma forma, não se culpe se algumas estratégias não funcionarem como o esperado ou se seu plano de intervenção ou plano de ensino precisar ser modificado ou ajustado ao longo do processo;
- não se culpe se esse aluno, em alguns momentos, responsabilizá-lo por não conseguir executar adequadamente uma tarefa até o fim. Por exemplo, por ele estar conversando com alguém no momento da tarefa, por não conseguir copiar todo o conteúdo do quadro, antes que este seja apagado;
- estratégias promotoras da autoestima são muito bem-vindas sempre. Coloque o aluno na condição de alguém bem-sucedido: mantenha o controle da situação, elogiando-o sempre que ele executar as tarefas adequadamente. Mas não confunda validação com supervalidação.

Essas são algumas das estratégias que podem auxiliar o profissional no seu trabalho diário.

Outras situações precisam se ajustar às demandas de cada caso.

Dependendo da idade de cada criança e das dificuldades manifestas, especialmente em sala de aula, outras dicas podem ser valiosas. Nesses casos pontuais e em se tratando de crianças em tenra idade, faz-se necessário o ajuste de acomodações de pequeno porte na sala de aula, como, por exemplo:

- o aluno deve ser colocado próximo do professor ou onde este permanece a maior parte do tempo e distante de outros locais que possam causar distrações (janela, porta etc.), ou distante de colegas inquietos e desatentos;
- deve se sentar perto de colegas que possam colaborar em seu envolvimento com as atividades e em sua sociabilidade;
- sempre que possível, o professor deve se posicionar próximo a esse aluno enquanto estiver apresentando as aulas e os conteúdos, pois isso facilitará em inúmeras situações de antecipação ante o seu quadro sintomático;
- sem descuidar da turma, o professor deve dar atenção individual a esse aluno, checando seu entendimento a cada passo da explicação e usando seu caderno para guiá-lo e dar exemplos;
- algumas crianças menores podem interagir melhor com o auxílio de sinalizadores visuais. Um quadro visível, contendo as regras da sala, as rotinas e as atividades diárias, e, também, os comportamentos desejáveis em sala de aula, deve ser afixado próximo a esse aluno. Sempre que possível essas regras devem ser lembradas para ele e para toda a turma;
- fique atento para elementos que favoreçam a distração e a perda do foco principal. Vale lembrar que somente o material necessário deverá ficar em cima da carteira do aluno. No caso de crianças pequenas, vale a pena guardar seu material e fornecer somente o necessário para aquele momento específico, assim, evitam-se distratores e elas são mais bem direcionadas para a atividade em foco;

- escolha um aluno para mediar algumas atividades. Isso facilita o trabalho em sala de aula. O aluno colaborador/mediador pode ser de grande valia na inclusão de alunos com TDAH. Sua atuação deve ser planejada e supervisionada pelo professor, tendo em vista as necessidades reais do aluno a ser incluído no grupo, dando-se destaque para suas habilidades e potencialidades, dificuldades e grau de autonomia. Entre as possíveis ações do aluno mediador, destacam-se o auxílio na motivação escolar para realização e participação nas atividades dentro e fora da sala, melhorando a interação e inclusão no grupo social e nas brincadeiras oportunizadas, bem como o aprimoramento das funções executivas (objetivar, planejar, organizar, iniciar, focar, perseverar, automonitorar, flexibilizar, inibir, regular e operacionalizar) e metacognitivas (estratégias de aprendizagem sistemáticas e assistemáticas, capacidade de ouvir, anotar, ler, compreender, redigir e pesquisar);
- vale mais uma vez destacar a relevância dos recursos e sinalizadores visuais e o uso de materiais concretos e representativos para o aprendente. A apresentação das informações, pelo professor, ganha importância particular nesses casos.

O professor deve tornar o processo de aprendizado o mais concreto e visual possível, apresentando instruções curtas e objetivas. Logo:
- atividades curtas e de rápida execução são mais bem recebidas pelo aluno com TDAH. O aluno deverá receber

instrução de forma segmentada, seriada (evitando-se longas atividades), além disso, as atividades devem envolver o uso de recursos e informações multissensoriais, contemplando diferentes estilos de aprendizagem (visual, auditiva, cinestésica e/ou mista...);
- identifique o estilo de aprendizagem de seu aprendente, porque isso faz muita diferença na condução de suas estratégias de ensino e na intervenção clínica e institucional. Se o aluno tem dificuldades de fixar através do aprendizado visual, deve-se priorizar o uso de recursos verbais, por exemplo, incentivando-o a gravar as aulas para recordá-las em casa;
- quando possível, utilize cores vivas nos diferentes recursos visuais;
- assegure-se de que o aluno escutou e entendeu as explicações e instruções;
- mantenha no quadro apenas as informações necessárias para o tema que estiver em execução naquele momento;
- antes de iniciar um novo conteúdo ou uma nova disciplina, recorde o conteúdo anterior, pois, assim, criam-se elos entre os assuntos, favorecendo a atenção e a fixação das informações na memória;
- no livro, apostila, caderno ou provas, outros exercícios, que não os executados pela criança, devem ser encobertos com uma folha para que o aluno se ocupe com um exercício de cada vez e não se distraia;
- após fazer uma pergunta, dê um tempo extra para reflexão e certifique-se de que o aluno realmente a compreendeu;

- os grupos de trabalho são bem-vindos, mas é melhor evitar que tenham mais do que três alunos;
- o aluno com TDAH deve receber as informações e executar tarefas com grau de dificuldade adequado para suas necessidades (sucesso alcançável). Conforme sua evolução, pode-se ir aumentando o nível de complexidade das atividades;
- simplifique e divida instruções complexas ou fragmente atividades longas em outras menores, tornando-as mais concretas e atreladas a conhecimentos prévios, relevantes e que façam parte da vida diária do aluno;
- promova atividades de rápida execução e em tempo mínimo (evitando que o aluno abandone a atividade antes de tentar finalizá-la). Se necessário, garanta o direito de um ledor e forneça tempo extra para a execução das atividades. Essas adequações devem ser previamente estabelecidas pelo professor;
- algumas crianças com TDAH tendem a querer fazer várias coisas ao mesmo tempo, o que pode levar à não conclusão dessas atividades. Logo, é importante coibir o hábito de realizar multitarefas (executar várias tarefas ao mesmo tempo, dividindo a atenção entre elas) em casa (orientação que precisa ser dada aos pais), na sala de aula e em espaços de atendimento;
- use a tecnologia em benefício do aprendente. O uso de recursos tecnológicos (computador, tablet, calculadora, corretor ortográfico etc.) na realização das atividades de sala de aula e tarefas de casa pode ser de grande ajuda.

Quando houver acesso à internet, o professor pode auxiliar o aluno enviando-lhe anotações e resumos das aulas dadas, bem como lembrá-lo das tarefas de casa.

As avaliações do aluno com TDAH devem atender aos seguintes princípios:

- adequações curriculares de pequeno porte são um direito de todos os alunos e dependem apenas da atitude e iniciativa do professor de sala de aula;
- o professor deve priorizar o progresso individual do aluno com TDAH, tendo por base um Plano Educacional Individualizado (PEI) e a valorização de aspectos qualitativos, ao invés de quantitativos. Esse processo avaliativo pode se dar por diversos meios, a depender da atitude e sensibilidade do professor;
- é recomendado que, em vez de poucas avaliações cobrando um grande conteúdo de informações, seja realizado um maior número de avaliações com menor conteúdo de informações (segmentação);
- quando achar necessário, o professor pode ler as perguntas para o aluno (ter um ledor é um direito do aluno), aplicar avaliação oral, em vez de escrita, ou avaliações a serem realizadas em casa, e não na escola – ajustes que serão realizados de acordo com cada caso específico e em comum acordo com o aluno e sua família e a escola;
- na medida do possível, o professor deve permitir que o aluno realize suas avaliações em um lugar/espaço com o menor número de estímulos, para que sua atenção não seja comprometida (antes dos demais alunos ou ao

mesmo tempo que eles, mas em espaço mais reservado, e, se houver necessidade, pode dispor de um ledor e tempo extra);

- tempo mínimo (evitando que o aluno abandone a avaliação antes de tentar finalizá-la) e tempo extra podem ser previamente estabelecidos pelo professor, quando assim achar necessário. Isso faz parte das adequações curriculares de pequeno porte;
- o aluno deve ter a liberdade de consultar livros e outros recursos durante a realização das avaliações;
- o aluno não deve ser avaliado pela sua caligrafia.

Dicas importantes quanto ao manejo de comportamentos do aluno com TDAH:

- leve o aluno a refletir sobre suas condutas no dia a dia da escola, pois isso pode ser funcional com relação a seu controle inibitório. O aluno deve ser frequentemente informado sobre seu comportamento para desenvolver sua capacidade de automonitoramento, porém, não se deve apenas apontar dificuldades, mas também elogiar, quando for oportuno;
- estabeleça regras de convivência e faça combinações com o aluno. O aluno deve fazer um "contrato" com o professor e com os pais, comprometendo-se em reduzir os comportamentos inapropriados e aumentar os apropriados, mas, para isso, ele precisa de parcerias. Conforme corresponder às regras do "contrato", receberá recompensas imediatas pelos comportamentos adequados e pelo sucesso alcançado. Essas recompensas podem consistir em validação positiva ou em coisas simples, que não

gerem negociações negativas ou indutivas a barganha comportamental;
- seja discreto ao perceber algum comportamento inadequado do seu aprendente em sala de aula. O professor pode usar sinais não verbais para que o aluno mantenha a atenção na lição (como colocar a mão na sua carteira ou no seu ombro), evitando, assim, chamar a atenção de outros alunos;
- algumas crianças com TDAH podem precisar de um profissional de apoio (cuidador escolar) para realizar algumas atividades escolares, especialmente em situações de manejo comportamental ou que exijam habilidades que ainda não dominam. O professor ou o cuidador deve ajudar a criança nos momentos mais críticos, como no trânsito de uma sala de aula para outra, na hora do recreio e das refeições ou em situações pontuais;
- cuidado com falas direcionadas a fazer comparações entre um aluno e outro. O professor não deve enfatizar os fracassos do aluno com TDAH ou comparar seu desempenho com o de seus colegas, pois isso o coloca na condição de inferioridade;
- seja uma motivação para esse aprendente com TDAH. Promova encorajamento verbal e motivacional ("você consegue fazer isso!"; "acredito em você!"; "você pode!"). O aluno deve receber elogios reais e ter oportunidade para desenvolver seus talentos e habilidades especiais, mesmo diante de um sucesso mínimo;
- dentro do espaço escolar, identifique alguém que possa servir de referência para esse aprendente com TDAH. O aluno

deve ter uma pessoa de referência na escola para lhe oferecer apoio e acolhida em momentos críticos relacionados a seus comportamentos e/ou emoções;

- a agitação psicomotora é uma das características dos sintomas do TDAH e uma necessidade muito presente em seu dia a dia. Logo, deve se entender que essa característica não depende da vontade do sujeito. O aluno deve ter a oportunidade de se mover mais frequentemente que os demais colegas de classe;
- mantenha uma relação de parceria com a família e crie um canal de comunicação para trocas de informações e orientações. Os pais devem ser frequentemente informados pelo professor a respeito dos comportamentos do aluno, e não só dos negativos, mas também, e principalmente, dos positivos e de suas conquistas e avanços.

Todas essas orientações e muitas outras podem garantir um melhor desempenho do aluno com TDAH no contexto escolar e em todos os espaços de atendimento clínico e institucional.

A escola, e em especial o professor de sala de aula, pode fazer a grande diferença na permanência escolar desse aluno ao longo de sua vida acadêmica, porém, é fundamental a orientação familiar na busca de estratégias multidisciplinares e até medicamentosas em muitos casos, as quais possam ampliar esse repertório de desenvolvimento global da infância até a vida adulta da pessoa com TDAH.

O TDAH não tratado pode trazer várias consequências negativas para o educando durante sua vida escolar, estendendo-se por toda a sua vida adulta e nos mais variados setores.

Muitos estudos têm mostrado relações importantes entre o TDAH e uma série de dificuldades na aprendizagem e no desempenho escolar. Eles demonstram que o TDAH é fator de risco para baixo desempenho acadêmico e para altos índices de abandono escolar e repetência.

A maioria das suspensões e expulsões escolares ocorre com crianças com TDAH, e, ainda, adolescentes com esse transtorno apresentam maior risco de abandono escolar ao longo do Ensino Fundamental ou de não continuidade após o Ensino Fundamental, o que, ao longo da vida adulta, causa importante impacto na autoestima, nas opções vocacionais e profissionais e na socialização e vida pessoal desses indivíduos.

As dificuldades enfrentadas pelos alunos com TDAH na escola, muitas vezes, são atribuídas aos problemas comportamentais por eles apresentados. Mas, como descrito anteriormente, as crianças com TDAH podem manifestar comprometimentos em diversas funções psíquicas que contribuem para o fracasso escolar (ver capítulo "Funções executivas").

Formamos hoje um grande grupo de profissionais da saúde, da educação e da ação social, somados aos grupos familiares e entidades disseminadoras de informações e saberes sobre TDAH e outras condições diagnósticas. Isso faz uma grande diferença para que o preconceito seja combatido ou minimizado e para que pessoas com qualquer dificuldade possam de fato ter assegurados os seus direitos de ir e vir, estar e participar em todo e qualquer ambiente, assim como as demais, em condições de igualdade e com respeito e compreensão às suas singularidades.

Que este material sirva de norte para quem ainda necessita de orientação na implementação de suas práticas profissionais, seja no âmbito clínico ou institucional.

Referências

AMERICAN PSYCHIATRIC ASSOCIATION. *Manual diagnóstico e estatístico de transtornos mentais*. 3. ed. Porto Alegre: Artmed, 1980.

AMERICAN PSYCHIATRY ASSOCIATION. *Diagnostic and Statistical Manual of Mental Disorders*. 4. ed. Washington, DC: American Psychiatric Association, 1994.

AMERICAN PSYCHIATRIC ASSOCIATION. *Referência rápida aos critérios diagnósticos do DSM-5*. Trad. Maria Inês Corrêa Nascimento. Porto Alegre: Artmed, 2014.

AMERICAN PSYCHIATRIC ASSOCIATION. *Manual diagnóstico e estatístico de transtorno DSM-5*. Trad. Maria Inês Corrêa Nascimento et al. Revisão técnica: Aristides Volpato Cordioli et al. Porto Alegre: Artmed, 2014.

APA, 1952. Diagnostic and Statistical Manual: Mental Disorders. DSM-I. Disponível em: <http://dsm.psychiatryonline.org/data/PDFS/dsm-i--pdf>. Acesso em: 10 de março de 2019.

APA, 1968. Diagnostic and Statistical Manual of Mental Disorders. DSM-II. Disponível em: <http://pt.scribd.com/doc/14532307/dsmii>. Acesso em: 14 de março de 2019.

APA, 1987. Diagnostic and Statistical Manual of Mental Disorders. 3. ed. rev. DSM-III-R. Disponível em: <http://dsm.psychiatryonline.org/data/PDFS/dsm-iii-r.pdf>. Acesso em: 5 de março de 2019.

APA, 1994. Diagnostic and Statistical Manual of Mental Disorders. 4. ed. DSM-IV. Disponível em: <http://dsm.psychiatryonline.org/data/PDFS/dsm-iv>. Acesso em: 14 de fevereiro de 2019.

APA, 2000. Diagnostic and Statistical Manual of Mental Disorders. 4. ed. ver. DSM-IV-TR. Disponível em: <http://dsm.psychiatryonline.org/data/PDFS/dsm-iv-tr>. Acesso em: 2 de dezembro de 2019.

APA. *Manual Diagnóstico e Estatístico de Transtornos Mentais*. 4. ed. rev. DSM-IV-TR. Porto Alegre: Artmed, 2002.

ASSENCIO-FERREIRA, Vicente José. *O que todo professor de Ensino Fundamental precisa saber sobre neurologia*. São José dos Campos: Pulso, 2014.

ASSOCIAÇÃO BRASILEIRA DE DÉFICIT DE ATENÇÃO (ABDA). Sobre o TDAH. Disponível em: <http://www.tdah.org.br>. Acesso em: 14 de junho de 2019.

ASSOCIAÇÃO BRASILEIRA DE DÉFICIT DE ATENÇÃO (ABDA) TDAH: guia para professores. Disponível em: <http://www.tdah.org.br/br/textos/textos/item/310-tdah-guia-para-professores.html#sthash.m4QFW376.dpuf>. Acesso em: 20 de outubro de 2019.

BALLONE, G. J. Déficit de Atenção em Adultos. Disponível em: <http://www.psiqweb.med.br/site/?area=NO/LerNoticia&idNoticia=257>. Acesso em: 14 de junho de 2019.

BARKLEY, Russel. *Transtorno do Déficit de Atenção/Hiperatividade (TDAH)*: guia completo e autorizado para pais, professores e profissionais da saúde. Porto Alegre: Artmed, 2002.

BARKLEY, Russel. *Transtorno de Déficit de Atenção/Hiperatividade*: manual para diagnóstico e tratamento. Porto Alegre: Artmed, 2006.

BARKLEY, Russel A.; MURPHY, Kevin R. *Transtorno do Déficit de Atenção/Hiperatividade*: exercícios clínicos. Rio de Janeiro: Artmed, 2008.

BENCZIK, Edyleine B. P. *Manual da escala de Transtorno de Déficit de Atenção/Hiperatividade*: versão para professores. São Paulo: Casa do Psicólogo, 2000.

BENCZIK, E. B. P. *Transtorno de Déficit de Atenção/Hiperatividade*: atualização diagnóstica e terapêutica. São Paulo: Casa do Psicólogo, 2002.

BENCZIK, E. B. P.; BROMBERG, M. C. Intervenções na escola. In: ROHDE et al. *Princípios e práticas em TDAH*. Porto Alegre: Artmed, 2003.

BONET, Trinidad; SORIANO, Yolanda. *Aprendendo com crianças hiperativas*: um desafio educativo. São Paulo: Cengage Learning, 2008.

BRAGA, Wilson Candido. *Autismo*: azul e de todas as cores – guia básico para pais e profissionais. São Paulo: Paulinas, 2018 (Coleção Psicologia, Família e Escola).

BRASIL. Lei de Diretrizes e Bases da Educação Nacional – LDB. Disponível em: <http://www.fnde.gov.br/web/siope_web/lei_n9394_20121996.pdf>. Acesso em: 20 de outubro de 2020.

CABALLO, V. E. *Manual de Técnicas de Terapia e Modificação do Comportamento*. São Paulo: Santos Editora, 2002.

CAMARGO JÚNIOR, W.; HOUNIE, A. G. *Manual Clínico do Transtorno de Déficit de Atenção/Hiperatividade*. Belo Horizonte: Editora Info Ltda., 2005.

CARNEIRO, Moaci Alves. *LDB fácil*: leitura crítico-compreensiva, artigo a artigo. 23. ed. ver. e ampl. Petrópolis: Vozes, 2015.

CIASCA, Sylvia Maria et al. *Transtornos de aprendizagem*: neurociência e interdisciplinaridade. 1. ed. Ribeirão Preto: Book Toy, 2015.

CONDEMARIN, M.; GOROSTEGUI, M. E.; MILICIC, N. *Transtorno do Déficit de Atenção*: estratégias para diagnóstico e a intervenção psicoeducativa. São Paulo: Saraiva, 2006.

CUNHA, Eugênio. *Afeto e aprendizagem*: relação de amorosidade e saber na prática pedagógica. Rio de Janeiro: Wak, 2008.

CYPEL, S. A. *Criança com Déficit de Atenção e Hiperatividade*. São Paulo: Lemos Editorial, 2003.

DALGALARRONDO, Paulo. *Psicopatologia e semiologia dos transtornos mentais*. 2. ed. Porto Alegre: Artmed, 2008.

DECLARAÇÃO DE SALAMANCA: sobre princípios, políticas e práticas na área das necessidades educativas especiais. Salamanca/Espanha, 1994.

DEL PRETTE, Zilda A. P.; DEL PRETTE, Almir. *Psicologia das habilidades sociais*: terapia e educação. 2. ed. Petrópolis: Vozes, 2001.

DUMAS, Jean E. *Psicopatologia da infância e da adolescência*. Trad. Fátima Murad. Revisão técnica Francisca B. Assumpção Jr. 3. ed. Porto Alegre: Artmed, 2011.

ELKHONON, G. *O cérebro executivo*: lobos frontais e a mente civilizada. Rio de Janeiro: Editora Imago, 2002.

ENGELHARDT, E.; ROZENTHAL, M.; LAKS J. Neuropsicologia VIII: atenção. Aspectos neuropsicológicos. *Revista Brasileira de Neurologia*, Rio de Janeiro, 1996.

FITÓ, Anna Sans. *Por que é tão difícil aprender*: o que são e como lidar com os transtornos da aprendizagem. Trad. Maria Luisa Garcia Prada. São Paulo: Paulinas, 2012 (Coleção Psicologia, Família e Escola).

GOLDSTEIN, S.; GOLDSTEIN, M. *Hiperatividade*: como desenvolver a capacidade de atenção da criança. Trad. Maria Celeste Marcondes. (8./9. ed.) Campinas: Papirus, 2002/2003.

INSTITUTO GLIA. Cognição e desenvolvimento. (2007). Transtorno do Déficit de Atenção e Hiperatividade. Disponível em: <http://www.institutoglia.com.br>. Acesso em: 20 de outubro de 2020.

INSTITUTO PAULISTA DE DÉFICIT DE ATENÇÃO (IPDA). Hiperatividade: o que é ser hiperativo? Como diagnosticar e tratar hiperatividade?

Disponível em: <http://www.dda-deficitdeatencao.com.br/hiperatividade/index.html>. Acesso em: 14 de junho de 2019.

LEI n. 13.146, de 6 de julho de 2015. Disponível em: <http://www.planalto.gov.br/ccivil_03/_ato2015-2018/2015/lei/l13146.htm>. Acesso em: 10 de abril de 2020.

LEITE, H. A. O desenvolvimento da atenção voluntária na compreensão da psicologia histórico-cultural: uma contribuição para o estudo da desatenção e dos comportamentos hiperativos. 2010. 197 f. (Dissertação de mestrado) – Programa de Pós-Graduação em Educação, Universidade Estadual de Maringá: Maringá, 2010.

LENT, Roberto. *Cem bilhões de neurônios*: conceitos fundamentais de neurociência. São Paulo: Atheneu, 2001.

LIMA, Cláudia Bandeira de (coord.). *Perturbações do neurodesenvolvimento*: manual de orientações diagnósticas e estratégias de intervenção. Lisboa: Lidel, 2015.

LIMA, S. F. A. A influência da afetividade da família para a aprendizagem de crianças com TDAH. Disponível em: <http://www.portaleducacao.com.br/pedagogia/artigos/18865/a-influencia-da-afetividade-da-familia-para-a-aprendizagem-de-criancas-com-tdah#ixzz3FW0qfdMn>. Acesso em: 4 de outubro de 2019.

LOPES, Regina Maria Fernandes; NASCIMENTO, Roberta Fernandes Lopes do; BANDEIRA, Denise Ruschel. Avaliação do Transtorno de Déficit de Atenção/Hiperatividade em adultos (TDAH): uma revisão de literatura. *Aval. Psicol.*, Porto Alegre, v. 4, n. 1, jun. 2005. Disponível em: <http://pepsic.bvsalud.org/scielo.php?script=sci_arttext&pid=S1677-04712005000100008&lng=pt&nrm=iso>. Acesso em: 30 de setembro de 2019.

LOUZÃ NETO, Mario Rodrigues. *O TDAH ao longo da vida*. Porto Alegre: Artmed, 2010.

MAGILA, C.; CARAMELLI, P. Funções executivas no idoso. In: FORLENZA, O. V.; CARAMELLI, P. (ed.). *Neurosiquiatria geriátrica*. São Paulo: Atheneu, 2001, p. 517-525.

MAIA, Heber (org.). *Neurociências e desenvolvimento cognitivo*. 2. ed. Rio de Janeiro: Wak, 2011.

MAIA, Heber (org.). *Neuroeducação*: a relação entre saúde e educação. Rio de Janeiro: Wak, 2011.

MAIA, Heber (org.). *Neuroeducação e ações pedagógicas*. 2. ed. Rio de Janeiro: Wak, 2014.

MALLOY-DINIZ, Leandro F.; FUENTES, Daniel; MATTOS, Paulo; ABREU, Neander. *Avaliação neuropsicológica*. Porto Alegre: Artmed, 2008.

MALLOY-DINIZ, Leandro F. et al. Neuropsicologia das funções executivas e da atenção. In: FUENTES, D.; MALLOY-DINIZ, Leandro F.; CAMARGO, Candida Helena P. de; COSENZA, Ramon M. *Neuropsicologia*: teoria e prática. 2. ed. Porto Alegre: Artmed, 2014.

MANUAL DIAGNÓSTICO E ESTATÍSTICO DE TRANSTORNOS MENTAIS [RECURSO ELETRÔNICO]: DSM-5 / [American Psychiatric Association. Trad. Maria Inês Corrêa Nascimento et al.]. Revisão técnica Aristides Volpato Cordioli et al. 5. ed. Dados eletrônicos. Porto Alegre: Artmed, 2014.

MATTOS, P. *No mundo da lua*: perguntas e respostas sobre o Transtorno do Déficit de Atenção com Hiperatividade em crianças, adolescentes e adultos. 4. ed. São Paulo: Lemos, 2005.

MATTOS, P. et al. Painel brasileiro de especialistas sobre diagnóstico do Transtorno de Déficit de Atenção/Hiperatividade (TDAH) em adultos. *Rev. Psiquiatr.*, RS, jan./abr. 2006.

MATTOS, P.; PALMINI, A.; SALGADO, C. A.; SEGENREICH, D.; GREVET, E.; OLIVEIRA, I. R.; ROHDE, L. A.; ROMANO, M.; LOUZÃ, M.; ABREU, P. B.; LIMA, P. P. Painel brasileiro de especialistas sobre o diagnóstico do transtorno de déficit de atenção/hiperatividade (TDAH) em adultos. *Revista Psiquiátrica*, 2006.

MEC. *Parâmetros Curriculares Nacionais*. Educação Especial. Brasília, DF, 1996.

MONTIEL, J. M.; SEABRA, A. G. Teste de atenção por cancelamento. In: SEABRA, A. G.; CAPOVILLA, F. C. (org.). *Teoria e pesquisa em avaliação neuropsicológica*. São Paulo: Memnon, 2009, pp. 119-124.

PASTURA, G. M. C.; MATTOS, P.; ARAÚJO, A. P. Q. C. Desempenho escolar e Transtorno do Déficit de Atenção e Hiperatividade. *Rev. Psiq. Clín.*, 32 (6), p. 324-329, 2005.

PRUETTI, K. D. Família. In: LEWIS, M. *Tratado de psiquiatria da infância e da adolescência*. Porto Alegre: Artes Médicas, 1995.

RELVAS, Marta Pires (org.). *Que cérebro é esse que chegou à escola?* As bases neurocientíficas da aprendizagem. Rio de Janeiro: Wak, 2012.

RODRIGUES, Patrícia Maltez. *Funções executivas e aprendizagem*: o uso dos jogos no desenvolvimento das funções executivas. Salvador: Sanar, 2017.

ROHDE, Luís Augusto P.; BENCZIK, E. B. P. *Atenção/hiperatividade*: o que é? Como ajudar? Porto Alegre: Artes Médicas, 1999.

ROHDE, Luís Augusto P.; BENCZIK, Edyleine B. P. *Transtorno de Déficit de Atenção Hiperatividade*: O que é? Como ajudar? Porto Alegre: Artes Médicas Sul, 1999.

ROHDE, L. A.; DORNELES, B. V.; COSTA, A. C. Intervenções escolares no Transtorno de Déficit de Atenção/Hiperatividade. In: ROTTA, N. T. (org.). *Transtornos de aprendizagem*: abordagem neurobiológica e multidisciplinar. Porto Alegre: Artmed, 2006.

RHODE, L. A.; KNAPP, P.; LYKOWSKI, L.; CARMIM, D. Crianças e adolescentes com déficit de atenção/hiperatividade. In: KNAPP, P. (org.). *Terapia cognitivo-comportamental na prática clínica*. Porto Alegre: Artmed, 2004, p. 358-373.

ROHDE L. A.; MATTOS, P. *Princípios e práticas em TDAH*. Rio de Janeiro. Artmed, 2003.

ROHDE, L. A.; MATTOS, Paulo. *Princípios e práticas em TDAH*. Porto Alegre: Artmed, 2008.

ROTTA, Newra Tellechea; OHLWEILER, Lygia; RIESGO, Rudimar dos Santos. *Transtornos da aprendizagem*: abordagem neurobiológica e multidisciplinar. 2. ed. Porto Alegre: Artmed, 2016.

SABOYA et al. Disfunção executiva como uma medida de funcionalidade em adultos com TDAH. Disponível em: <http://www.scielo.br/scielo.php?script=sci_arttext&pid=S0047-20852007000500007>. Acesso em: 10 de junho de 2020>.

SAUVAGNAT, F. *Considerações críticas acerca da classificação DSM e suas implicações na diagnóstica contemporânea*. Disponível em: <http://www.seer.ufsj.edu.br/index.php/analytica/article/viewFile/231/281>. Acesso em: 2 de março de 2020.

SEABRA, Alessandra Gotuzo et al. (org.). *Inteligência e funções executivas*: avanços e desafios para a avaliação neuropsicológica. São Paulo: Memnon, 2014.

SENA, C. *A relação afetiva professor e aluno, revelada por seus diários*. 1. ed. Curitiba: Appris, 2013.

SENA, Simone da Silva; NETO, Diniz O. *Distraído e a 1000 por hora*. Belo Horizonte: Anome Livros, 2005.

SERRANO, Paula; LUQUE, Cira de. *A criança e a motricidade fina*: desenvolvimento, problemas e estratégias. Lisboa: Papa-Letras, 2015.

SILVA, A. *Mentes inquietas* – TDAH: desatenção, hiperatividade e impulsividade. 2. edição. Rio de Janeiro: Editora Objetiva, 2009.

SOUZA, Carlos Alberto Crespo de. Déficits de atenção/hiperatividade após traumatismos craniencefálicos. *Psychiatriy on-line*, v. 8, n. 12, dez. 2013. Disponível em: <http://www.polbr.med.br/ano03/artigo1203_a.php>. Acesso em: 20 de junho de 2020.

TOPCZEWSKI, Abram. *Hiperatividade*: Como lidar? São Paulo: Casa do Psicólogo, 1999.

UNIVERSIDADE FEDERAL DO RIO GRANDE DO SUL. Programa de Transtornos de Déficit de Atenção e Hiperatividade. Disponível em: <http://www.ufrgs.br/prodah>. Acesso em: 20 de outubro de 2020.

VYGOTSKY, L. S. *A formação social da mente*. São Paulo: Martins Fontes, 1987.

VYGOTSKY, L. S. *Teoria e método em psicologia*. São Paulo: Martins Fontes, 1996.

WALLON, Henri. *A evolução psicológica da criança*. São Paulo: Martins Fontes, 2007.

Links

<http://portal.mec.gov.br/index.php?option=com_docman&view=download&alias=4683-nota-tecnica-n9-centro-aee&Itemid=30192>

<http://www.planalto.gov.br/ccivil_03/_ato2019-2022/2019/lei/L13935.htm>

<https://www.planalto.gov.br/ccivil_03/_ato2011-2014/2011/decreto/d7611.htm>

<https://www2.camara.leg.br/legin/fed/lei/2021/lei-14254-30-novembro-2021-792022-norma-pl.html>

Paulinas

Rua Dona Inácia Uchoa, 62
04110-020 – São Paulo – SP (Brasil)
Tel.: (11) 2125-3500
http://www.paulinas.com.br – editora@paulinas.com.br
Telemarketing e SAC: 0800-7010081